「アマゾン」をつくった

ジェフ・ベゾス　未来と手を組む言葉

武井一巳

青春新書
INTELLIGENCE

Prologue

アマゾンを率いる――
ベゾスが示す
新しい時代の成功法則

夢は発明家だった

ＧＡＦＡ（ガーファ）という言葉が、最近になって急激に注目を集めている。ＧＡＦＡとはグーグル（Google）、アップル（Apple）、フェイスブック（Facebook）、アマゾン（Amazon）の４つの企業の頭文字をとった言葉で、ＩＴ業界で大きなシェアを持つ世界の４大企業を指す造語である。

グーグルは検索エンジン最大手の企業で、アップルはアイフォーンやマックを代表とするデジタルデバイス大手、フェイスブックは世界で約22億人のアクティブユーザー数を有するＳＮＳ（ソーシャル・ネットワーキング・サービス）、そしてアマゾンは言わずと知れた世界最大のオンライン通販企業である。

いずれも圧倒的な規模で、ＩＴ業界でも勝ち組企業だが、この４つの企業が大きな注目を集めているのは、その規模だけではない。

この４企業ともに、世界的に膨大な個人データを収集しているためでもある。そのためＧＤＰＲ（General Data Protection Regulation）に関連して、世界的な注目を集めてもいるのである。

２０１８年５月、ＥＵ加盟28カ国とノルウェー、アイスランド、リヒテンシュタインの３カ国を含む欧州経済領域で、ＧＤＰＲが施行された。

ＧＤＰＲというのは、「(欧州) 一般データ保護規則」という規制で、ＥＵ内のすべての個人情報のデータ保護を強化し、ＥＵ外への個人情報の輸出を規制するというものである。

このＧＤＰＲの規制は、当然ながらＧＡＦＡ４企業にも適応される。というよりも、むしろＧＤＰＲはこれら巨大ＩＴ企業を狙い撃ちしたものだなどと、まことしやかにささやかれてもいる。

ＧＡＦＡに代表される巨大ＩＴ企業は、これまでの企業活動で膨大な個人情報を取得している。だが、ＧＤＰＲではこれらの個人情報を、ＥＥＡ（欧州経済領域）の域内から第三国に移転することを原則禁止し、これに違反する場合は前年度の全世界売上高の４パーセント、もしくは２０００万ユーロ（約25億円）のいずれか高いほうの金額を、制裁金として課す、としたのである。

ＩＴ企業、とくにＧＡＦＡのような巨大ＩＴ企業は、全世界を対象とするグローバルな企業活動を行っている。それがＥＵ内で取得した個人情報を、他の国に持ち出せないとなると、企業活動に大きな制限も加わってくるだろう。ＧＡＦＡはいずれも米国企業だが、その米国企業が世界中の膨大な個人情報を握っていることに恐れと危機感を持ち、ＥＵの個人情報はＥＵの手でコントロールすべきだとの判断が、ＧＤＰＲ施行へと駆り立てたのだろう。

それほど恐れられるＧＡＦＡのひとつであるアマゾンを設立したのが、１９６４年生まれのジェフ・ベゾス（Jeffrey Preston Bezos）である。

もともとアマゾンは、１９９４年に米ワシントン州でベゾスが設立したカダブラ（Cadabra）というネット書店を母体としている。ベゾスは幼少期から科学的な関心が強く、両親のガレージを実験室に改造して理科実習を行ったり、高校時代には早くもコンピュータに興味を持ち始め、プリンストン大学では物理学を専攻して入学したものの、後に計算機科学と電気工学に専攻を変えている。ベゾスの小さなころの夢は、発明家になることだったという。

発明家を夢見ていたベゾスが、なぜ現在、世界最大のオンライン通販企業のＣＥＯ兼会長兼社長の座にのぼりつめたのか。カダブラという、インターネット・バブル期前夜に創業された小さな企業を、どうやって世界最大のオンライン通販企業に育て上げたのか。これらの経緯は、ベゾスの言葉から類推することができるはずだ。

ITトレーディングからネット書店へ

実はアマゾン、言い換えればベゾスは、秘密主義といえるほど会社の情報を公表していない。ベゾス本人も、最近になって自分自身のことも語るようになってきたが、これまでは雑誌のインタビューなどにもめったに登場せず、秘密のベールに隠されていることが多かった。

実際、アマゾンの収益はいまでこそ公表されているものの、法的に義務付けられている数字以外、部門別取扱高や国別売上高、プライム会員数など、アマゾン全体を把握するための詳細な数値についてはまったく公表されていないのである。

その最新の情報によれば、アマゾンの２０１７年の売上高は１７７８億６６００万ドル、日本円に換算すると約20兆円にもなる。日本でトップの売上高を誇るトヨタ自動車が、２０１７年には約28兆円だったから、トヨタには及ばないものの世界でも屈指の企業なの

アマゾンの売上高と営業利益率推移

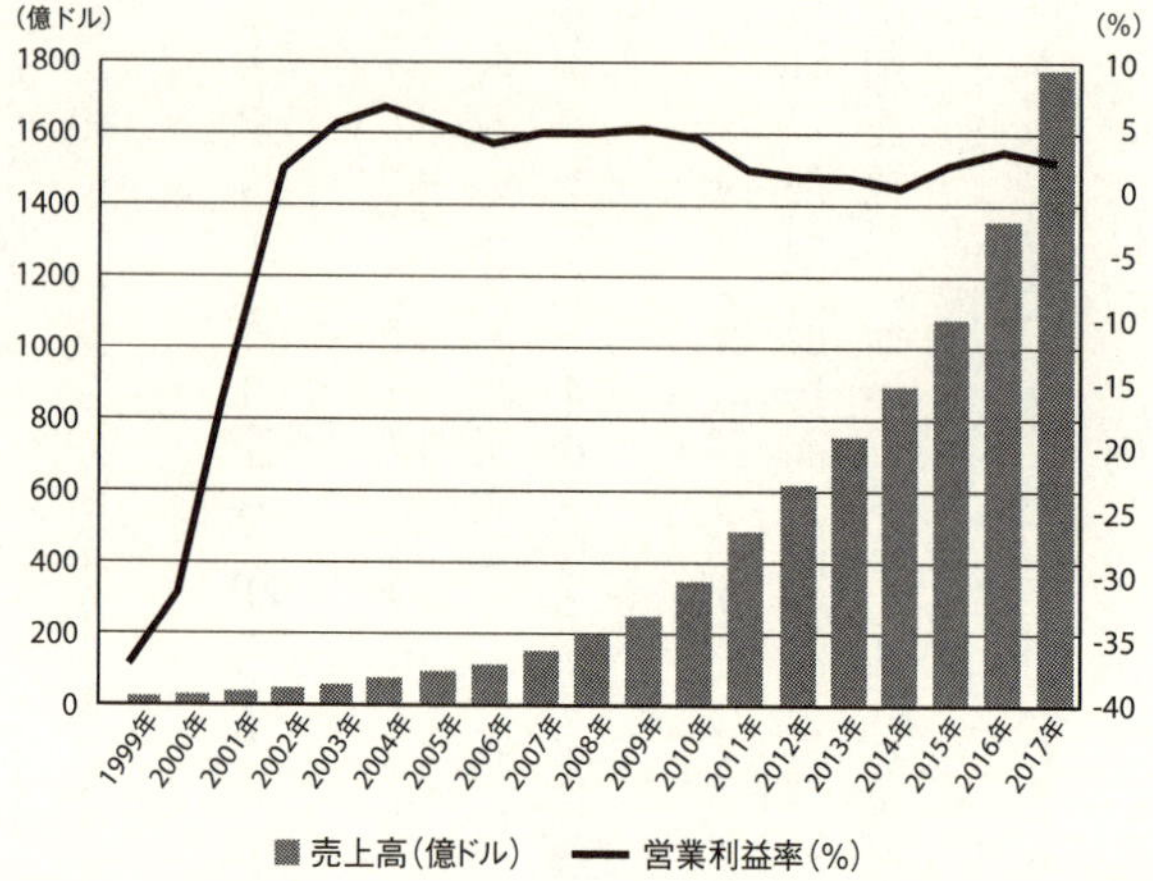

である。

アマゾンが誕生したのは、１９９４年のことだ。ベゾスはこのときまだ31歳である。最初から起業志向だったかというと、どうもそうではない。

１９８６年に計算機科学と電気工学の学位を取得したベゾスは、プリンストン大学を卒業すると、まずプリンストン大学の教授が立ち上げたファイテルという、コンピュータネットワークを構築して株式取引に活用する会社に入社している。

当時は株式取引にコンピュータを導入するのがトレンドで、ベゾスはこのファイテルと、続いて転職したバンカーズ・トラスト社でＩＴトレーディング・システムの構築に従事していたのである。

さらに1990年には、ヘッジファンドのD・E・ショー（D. E. Shaw & Co.）に転じたが、実はこれがベゾスの転機だったといってもいい。

D・E・ショーでベゾスはシニア・バイス・プレジデント（日本でいえば上級副社長）にまで昇進するが、当時からベゾスはD・E・ショーの創業者であるデビッド・ショーとともに、さまざまな新しいビジネスを考えていたようだ。

その新しいビジネスのなかに、「エブリシング・ストア」という構想があった。〝何でも揃っている商店〟といったところだが、現在のアマゾンを考えれば、まさにこのエブリシング・ストア構想がアマゾンの根底にあったとみていい。

1994年、ベゾスはD・E・ショーを退職し、やはりD・E・ショーを退職した妻のマッケンジー・タトルとふたりで、ワシントン州シアトルに「カダブラ」（Cadabra, Inc.）を設立した。これが後のアマゾンである。

次々と新サービスを〝発明〟する

カダブラは、ウェブで書籍を販売するオンライン通販企業としてスタートした。エブリシング・ストア構想では、世の中のすべての商品を販売するサイトを考えていたようだが、現実的にいきなりそんなストアを作るのは無理だ。

そこでベゾスは、候補となるさまざまな商品をリストアップしたなかで、書籍が現実的ではないかとの結論に達したのだという。オンライン書店は、すでにいくつかサイトがあったが、ここに参入しようと考えたのである。書籍は多品種でありながら商品品質が一定で、しかも、取次（卸業者）を利用すればそれぞれの出版社と取引しなくても、多くの種類の商品が集まるため、オンライン販売に向いていると判断したのである。

カダブラ設立の翌年、1995年には社名を「アマゾン」（Amazon.com,Inc.）に変更しているが、それはカダブラが「cadaver《カダバー》（死体）」と間違えられやすいからという理由だった。

ネットの書籍通販企業として始まったアマゾンは、2年後の97年にはNASDAQ《ナスダック》に上場。翌98年には音楽販売のミュージックストアを開設し、音楽配信事業に参入すると、

アマゾンがスタートさせた主なサービス・商品

年 月	サービス
1994年 7月	カダブラ設立
1995年 7月	アマゾンの正式サービス開始
1997年 5月	NASDAQ上場
1998年 6月	ミュージックストアを開設し、音楽配信事業開始
2000年 9月	航空宇宙企業「ブルーオリジン」設立
2002年 7月	クラウドサービス「Amazon Web Services」(AWS)開始
2007年11月	Amazon Kindle発表、Kindleストアオープン
2009年11月	靴のネット販売サイト「ザッポス(Zappos.com)」買収
2011年 2月	ビデオ配信サービス開始
3月	個人向けクラウドドライブ開始
2014年 6月	スマートフォン「Fire Phone」発売
2016年12月	ドローン配送サービス「Prime Air」英国で開始
2018年 1月	米シアトルにAmazon GOの1号店オープン

２０００年にはなんと航空宇宙企業の「ブルーオリジン」を設立し、有人宇宙飛行を目的とした事業を開始している。

ネット書店だったアマゾンが、宇宙にまで手を広げようとしているのだ。以後、アマゾンが矢継ぎ早にスタートさせた主なサービス・商品には、上の表のようなものがある。

創業以来、毎年といっていいほど、次々と新しいサービスを開始しているのだ。「エブリシング・ストア」には程遠いが、いまでは本からパソコン・オフィス用品、ＤＶＤ、薬、化粧品、それにキッチン用品や食品、酒、カー用品など、日常生活のなかのほとんどの製品が購入できる。そればかりかクラウドサービスのＡＷＳ（Amazon Web Services）は、いまやクラウドコンピューティングの中核ともなっている。

インターネットの普及と高速化によって、コンピュータの使い方はクラウドコンピューティングという、ネットワークを経由したサービスが主流になってきている。この分野では、個人向けにはグーグルがグーグルドライブ（Google Drive）を、アップルがアイクラウド（iCloud）を、そしてマイクロソフト社がワンドライブ（OneDrive）を提供するなど、個人向けサービスが広く普及してきている。アマゾンも個人向けクラウドサービスのアマゾンドライブ（Amazon Drive）を提供しているが、ＡＷＳはむしろ企業向けのサービスだといっていい。

ＡＷＳでは企業が大容量のデータを保存したり、あるいは独自のウェブサービスを展開したり、さまざまな使われ方がなされているが、このクラウド分野ではアマゾンが世界でトップのシェア・売上を誇っているのである。

ベゾスは、「危険なのは進化しないこと」だと言い、サービスを次々と開発・発明していく。「実験なしでは発明はあり得ない」と彼が言うように、次々と提供されているサービスは、実は成功している製品やサービスの何倍もの失敗から生み出されたものでもある。

アマゾンの最大の強みとは

２０１８年８月２日、米国株式市場に衝撃的なニュースが走った。この日、アップルの時価総額が、米国企業として初めて、つまり世界で初めて、１兆ドル（１１０兆円）を突破したのである。

時価総額というのは、上場している企業の株価に、発行済株式数を掛け合わせたもので、企業価値を評価するときに用いる重要な指標のひとつである。もちろん、基本的には時価総額が高ければ高いほど業績もよく、将来に対する期待も大きいことを意味している。

同じ時期、日本ではトップのトヨタの時価総額が22兆円だったから、アップルの時価総額はトヨタの実に5倍もの額になっている。

このアップルに続き、時価総額1兆ドルを超えると目されていたのが、アマゾンだった。はたして、アップルの時価総額が1兆ドルを超えたわずか1カ月後の9月4日、アマゾンの時価総額も1兆ドルを超えたのである。

実は投資家の間では、アップルが先かアマゾンが先かという「1兆ドルレース」に大きな注目が集まっており、一時はアマゾンがアップルを猛追し、追い越す寸前でもあった。結果はアップルが史上初、1カ月遅れてアマゾンが史上2番目の時価総額1兆ドルの企業となったわけだ。

ただし、基本的には時価総額が高ければ高いほど業績も良いが、アマゾンに関してはそれほど当てはまらない。アップルの営業利益率が30パーセント前後なのに対して、アマゾンのそれは2パーセント前後と低いのだ。だが、それはアマゾン自身がコントロールしているためで、実質的な業績は見かけ以上に良好だろう。

このようにアマゾンとアップルは、ことあるごとに比較されがちだ。だが、アップルは1976年の設立から40年以上もの歴史を持つ企業であるのに対し、アマゾンはその半分の20年ほどの歴史しかない。

その20年でアマゾンは、いやベゾスは、どうやって時価総額1兆ドルの企業になったのか？　アマゾンは、良くも悪くもベゾスの会社である。アマゾンが誕生した94年以降は、まさにインターネット・バブル（90年代末期～2001年）の時代で、もちろんアマゾンもこのバブルに乗じたが、バブル崩壊によって多くのＩＴ企業が倒産に追い込まれたなかで、なぜアマゾンは生き残り、しかもそのわずか17年後に時価総額1兆ドルを超える企業にまで成長できたのか？

アマゾンは２０１２年に、日本で電子書籍端末である「キンドル（Kindle）」を発売している。このキンドルが１万円前後という安い価格に設定されていたことに対して質問されたとき、

「顧客との継続的な関係を築くことがアマゾンのビジネスモデルです」

とベゾスは答えている。アマゾンは設立当初から「顧客第一主義」を貫いているが、この理念には徹底されたものがある。しかも、電子書籍という商品が、ややもするとこれまでの紙の書籍の通信販売という、アマゾン自身のビジネスモデルを叩き壊すことにつながりかねないと危惧するなかで、

「わたしたちの最大の強みは、何かを生み出したら、何かが壊れるということを受け入れることができる点です」

とまで語っているのである。

戦後の長く豊かだった経済成長期を経て、バブルが崩壊し、低成長という長いトンネルのなかを歩んでいる現状では、先人たちの成功体験や、この体験から生まれた成功法則は、現在のビジネスパーソンには響かない。いや、むしろこのような成功体験が通用しないど

ころか、逆に現代のビジネスでは足を引っ張りかねない。

そんな状況のなかで、ビジネスや経営、あるいは仕事への取り組み、そして生き方にまで参考となり、指針となるのが、20年で世界有数のトップ企業となり、いまなお成長を続けているアマゾン帝国を率いる男、ジェフ・ベゾスの言葉ではないだろうか。

ベゾスの言葉を通じ、その意味を吟味していけば、ベゾス本人やアマゾンという企業を、そして現代をとりまく企業経営や仕事のあり方、生き方そのものが学び取れるはずだ。

ジェフ・ベゾス　未来と手を組む言葉

目次

Prologue

アマゾンを率いる――

ベゾスが示す新しい時代の成功法則

Part 1 何を扱うかではなく、どんなサービスを目指すか
――企業の成功と成長について

Part 2

大事なことは、二者択一では考えない

――仕事への向き合い方とチャレンジ精神

Part 3

ビジネスチャンスは「非効率」なところにあり

――サービスの本質について

Part 4

答えは「シンプル」に考えた先にある
——真の顧客第一主義とは何か

Part 5

結果を出し続けるための、たった1つの方法

――未来と手を組むための選択と決断

本文DTP／エヌケイクルー

※本文中、1ドル＝110円で換算しています。

Part 1

何を扱うかではなく、どんなサービスを目指すか

——企業の成功と成長について

◆ブランドというのは人の評判によく似ている

会社のブランドというのは、人の評判によく似ている。それは必死に難題にうまく取り組むことで得られるものなのだ。

A brand for a company is like a reputation for a person. You earn reputation by trying to do hard things well.
——BUSINESS INSIDER, 2013年2月19日

アマゾンがスタートしたのは1995年のことだが、その前年にベゾスはアマゾンの前身である「カダブラ」というオンラインの書店をスタートさせている。

この「カダブラ」というのは、昔からよく使われていた呪文の「カダブラ」で、ベゾスも呪文のような言葉だからといった理由で社名にしたようだ。ところが、アマゾンの最初の弁護士に、カダブラというのは「死体（カダバー）」に似た発音で印象がよくないと反対され、最終的には世界最大の河川であるアマゾン川の名をとって、「アマゾン」に改名している。

このアマゾンは、もちろん最初から順風満帆だったわけではない。設立当初は社員で近所にあるバーンズ&ノーブルに集まり、ミーティングをしていたそうだ。大型書店チェーンである。オンライン書店のアマゾンの社員が大型書店チェーンに集まり、ミーティングをしていたなど、いまでは笑い話だが、それほど資金がなかったのだ。

アマゾンは当初から、顧客第一主義を標榜していた。ベゾスは、利用者が使いやすいサービスとは何かを常に考えていたという。インターネットでモノを売るためには、ネットの操作に不慣れな人にも使いやすいようにする必要があり、顧客を中心にサービスを考え抜いて展開していったのである。

いまでこそ「アマゾン」は、オンライン通販企業として大きなブランド力を持っているが、もちろん最初からブランドが確立されていたわけではない。アマゾンというブランドは、アマゾンが絶えず顧客のことを考え、サービスやコンテンツを改善してきたことでつくられてきたものなのだ。

顧客に使いにくいと判断されたら、アマゾンというインターネット上の商売は失敗する、とベゾスは確信していたのだろう。だからこそアマゾンは、常に顧客が使いやすいシステムを構築し、顧客が欲しいと思うコンテンツを提供し続けているのである。

ＩＴ業界ではカリスマ経営者であるアップル社の創業者スティーブ・ジョブズは、

「顧客はより幸せでよりよい人生を夢見ている。製品を売ろうとするのではなく、彼らの人生を豊かにするのだ」

という名言を残しているが、ベゾスもまた顧客に寄り添うこと、顧客を第一に考えることが、ビジネスを成功に導く方法だと考えている。

そして顧客を第一に考えて難題に取り組むことで、やがて会社のブランドというものが得られるのだと言う。顧客のことを考え、サービスを展開することで、アマゾンは発展してきただけに、ベゾスのこの言葉は重い。

◆何よりまず訪れたくなるショップとは

誰かが何かをオンラインで買いたいと思ったとき、たとえ取り扱っていないモノでも我々のところへ来てもらえるようになりたい。オンラインで買ってもいいかなぁと思うモノをオンラインで簡単に見つけられるようにしたい――それを売るのが我々でなくてもです。

When somebody thinks about buying something online, even if it is something we do not carry, we want them to come to us. We would like to make it easier for people online to find and discover the things they might want to buy online, even if we are not the ones selling them.
――「One Click: Jeff Bezos and the Rise of Amazon.com」(Richard L. Brandt)

ベゾスが考えるアマゾンというブランドは、オンラインストアの代表といえるストアだ。そのブランドを構築するために、ベゾスは「品ぞろえ」「利便性」「低価格」という3つの要素を強調しているが、現在のような規模になるまでの苦労は想像以上に厳しいものがあっただろう。

たとえば、品ぞろえ。アマゾンはシアトルで創業された。シアトルで産声を上げた企業には、マイクロソフトやスターバックスといった現在でも好調な企業があるが、ベゾスがシアトルを選んだのは、近くに本の卸業者がいたことや、税金上のメリットがあること、それに才能あるプログラマーが多く集まっていたことが理由だった。

そのシアトル郊外のベルビューにあるガレージから、アマゾンはスタートしている。実は、後になって「最初はガレージから出発したんだ」と言いたいために、最初の拠点をガレージにしたといった話もあるが、ガレージに置ける本の数などたかが知れている。ほどなく、アマゾンの倉庫は広い場所へと移転している。

アマゾンが音楽CDの販売をスタートしたときも、スタートまでにデータベースにCD12万5000タイトルを用意し、試聴用のサウンドクリップ（短い音楽ファイル）として22万曲以上をそろえている。

　また、２００７年には電子書籍のキンドルストアをオープンしたが、このときは９万冊を用意している。電子書籍に懐疑的だった出版社を口説き、なんとか９万冊をそろえてスタートさせたのだ。この数字は、リアル店舗の大型書店に匹敵する冊数である。

　そもそも紙の書籍においても、アマゾンの在庫は膨大な量になる。そのためアマゾンは自社を「世界最大の書店である」と主張したが、これに対し米国最大の書店チェーンであるバーンズ＆ノーブルが、「アマゾンは書店でなく、書籍ブローカーであり、事実に反する」として１９９７年に提訴している。後に示談が成立したが、アマゾンはそのブランドを確立するために、当初から「品ぞろえ」という点をかなり重要視していたようだ。

「品ぞろえ」で顧客を満足させようと考えたのは、もちろん書籍だけではない。ベゾスは、客がオンラインで何かを購入しようと思ったとき、まずアマゾンを訪れるようなショップになりたいと考えた。たとえその商品をアマゾンが扱っていなくても、まずアマゾンを訪れる、そんなショップを目指したのだ。

　ベゾスのインターネットに対する思いは、一貫して変わらない。インターネットに可能性を見いだしたときから、「オンラインで買ってもいいかなぁと思うモノをオンラインで簡単に見つけられるようにしたい」という思いが、アマゾンを成長させてきたのである。

◆お金以上にブランドを大切する。そのためには……

もしあなたが人々をがっかりさせてしまうと、ブランドの評判は落ちてしまいます。これはいまの我々にとっては、お金以上に大切なことなのです。

But if you disappoint people, you lose brand reputation, and that's worth a lot more to us right now than money.
——「One Click: Jeff Bezos and the Rise of Amazon.com」(Richard L. Brandt)

アマゾンの前身である「カダブラ」を設立するとき、ベゾスはヘッジファンドのD・E・ショーの上級副社長という地位を退いて創業した。このときの設立資金は、ベゾスが現金を1万ドル出し、その後16カ月間で無利息借入金8万4000ドルを調達している。が、いずれにしろ10万ドル（1100万円）に満たない額だ。

94年当時とはいえ、新しい企業をスタートさせるためには十分な額とはいえない。しかもアマゾンは、それから7年間は赤字だったのである。

しかしベゾスは、顧客のために「品ぞろえ」「利便性」「低価格」という3つの要素を重要視し、そのための出費をまったく惜しんでいない。3つの要素のいずれかを犠牲にすれば、それなりの利益が出る、とわかっていたのにである。

「（いずれかの要素を犠牲にすれば）儲かるという考え方もあるでしょう。しかし、人々をがっかりさせてしまうと、ブランドの評価は落ちてしまいます。これはいまの我々にとっては、お金以上に大切なことなのです」

そうベゾスは言う。顧客に不満をいだかれても、アマゾンの利益を優先するという方法もある。だが、アマゾンはぎりぎりのラインで「品ぞろえ」「利便性」「低価格」の3要素を維持しようとした。一度でも顧客をがっかりさせてしまうと、アマゾンというブランドの評価が落ちてしまうからだ。そのブランドの評価は、アマゾンが得られる利益以上に重要なものだとベゾスは考えたのである。

ベゾスがブランドにこだわるのは、それがアマゾンの事業の中核にある要素のひとつだからだろう。実際、ベゾスは次のように語っていたときもある。

「事業に役立つことが多いのはブランド、スキルセット、顧客ベースですが、この3つのポイントが活用できる領域に事業を広げていくつもりだと我々は前から申し上げています」

これはアマゾンがオンライン書店から、音楽CDの扱いをスタートさせたときの言葉だ。音楽CDは以前から決めていたことなのか、という質問への答えである。

音楽のブランドと、書籍からCDに簡単に移動できるストア構築のスキル、そして低価格という顧客のメリットを考え、この3つのポイントがミュージックストアなら活用できると考えたのである。アマゾンのこれまでの方針である「品ぞろえ」「低価格」「利便性」という3要素にもつながる分野だったからだ、とベゾスは答えている。

顧客をがっかりさせず、「アマゾン」というブランドの評価を落とさない分野を開発する。アマゾンにとって、何を扱うのかではなく、どのようなサービスを目指すかということのほうが、「アマゾン」というブランドにとっては重要なのである。

◆混乱することを恐れない

会社としての企業文化の最大の強みは、発明しようとすると混乱する、という事実を受け入れられることです。

As a company, one of our greatest cultural strengths is accepting the fact that if you're going to invent, you're going to disrupt.
——WIRED「Jeff Bezos Owns the Web in More Ways Than You Think」(2011年)

アマゾンが電子書籍端末であるキンドルを発売したのは、2007年11月のことである。その年のクリスマスシーズンを前に、紙の本の販売から本の電子データの販売へと、扱う商品を〝発明〟したのである。

もちろん、電子書籍そのものはもっと以前から一部で流通していたが、アマゾンはキンドル（Kindle）という、いわば購入から読書までの一貫した新しい読書システムを〝発明〟したのである。

電子書籍を読む端末、つまり電子書籍リーダーは、2004年には松下電器産業（現パナソニック）がシグマブック（Σ Book）を発売しており、パソコンなどで読める電子データは1971年にはすでに米国で「プロジェクト・グーテンベルク」がスタートし、著作権が切れた小説などがネット上で電子データとして公開されていた。

これらのことからもわかるように、電子書籍は何もアマゾンが発明したものではない。電子書籍の販売も、アマゾンが初めてだったわけではない。

だが、アマゾンに対して出版業界などの風当たりがことさら強いのは、キンドルが爆発的に売れたためでもあるだろう。

それでもベゾスは、アマゾンで新しいサービスを次々と開発していく。それはアマゾンという企業が、ベゾスが言うように「発明しようとすると混乱する、という事実を受け入れられる」企業だからだ。

多くの企業は、新しいサービスや商品を開発すると、従来の商品やサービスの利益も確保しようとして、社内的に混乱するものだ。社外からも多くの懸念が寄せられる。とくにそれまで利益を出していた部門は、新しい商品に対する不安も大きいだろう。

だが、それらの意見や批判に対し、「私たちは頭を下げて仕事を続けようとしています」とベゾスは言う。アマゾンには、そのような混乱を受け入れる企業文化があり、そのような混乱の嵐は頭を下げていればやがて通り過ぎると心得ているのである。

無人の店舗「アマゾン・ゴー」のスタートや、ＱＲコードで決済が行えるキャッシュレス決済サービスなど、最近になって始まったサービスも、やはり新たなサービスへの取り組みだ。

これらの商品やサービスの開始には、社内的な混乱もあるだろうが、その混乱が存在することを認めることで、アマゾンは新たな収益源を獲得するのである。そのようなアマゾンの企業文化こそが、古い体質の企業が持つ成功体験からは得られない、まったく新しい企業戦略なのである。

◆イノベーションは実験の数で決まる

私たちは、市場のリーダーとなれる可能性が高ければ、小さく賭けるのではなく、果敢な投資を行います。投資というのは、成功したり失敗したりしますが、どちらの場合でも貴重な学びを得られます。

We will make bold rather than timid investment decisions where we see a sufficient probability of gaining market leadership advantages. Some of these investments will pay off, others will not, and we will have learned another valuable lesson in either case.

――『The Everything Store: Jeff Bezos and the Age of Amazon』（Brad Stone）

アマゾンはスタートから順風満帆に成長してきたように思っている人も少なくないが、実際にはさまざまな失敗を繰り返している。

たとえば、ファイアフォン（Fire Phone）。２０１４年にアマゾンは、独自ＯＳのスマートフォンであるファイアフォンを発売している。２００７年のアマゾン・キンドル、２０１１年のキンドルファイア（Kindle Fire）に続くアマゾンブランドの独自デバイスで、スマートフォン市場への最初の挑戦だった。

ところがこのファイアフォンは、著名アナリストによれば「数万台を販売」しただけで、大きな失敗だったとされている。

あるいはペット用品を扱うペッツ・ドット・コムや、電子メールのグリーティングカード部門など、実は失敗した事業やサービス、部門などもアマゾンにはたくさんある。これらの失敗についてベゾスは、次のように語っている。

「失敗はイノベーションと発明の本質的な部分です。もしそれがうまくいくとわかっていたら、それは挑戦ではありません」

ベゾスは子どものころ、ガレージで理科実験を繰り返し行っているような子どもだったそうだが、この取り組みの姿勢はビジネスにまで及んでいるのだろう。社内でも「実験の回数を100回から1000回に増やせば、イノベーションの数も劇的に増える」と常々社員に実験を奨励しているように、なるべく多く実験し、失敗と成功を繰り返し、そこで成功したものだけをビジネスに昇華させるという考えなのである。

これらの実験を行う際にベゾスが好んで使うのが、「果敢」という言葉だ。大胆に、思い切りよく、といった意味だが、アマゾンが一般株主に配布するレターにさえ、この言葉が使われる。

「市場のリーダーとなれる可能性が高ければ、小さく儲けるのではなく、果敢な投資を行う」

なぜ大胆に、果敢に投資するのか。たとえそれが成功しても、あるいは失敗しても、そこから学び取れることは貴重な財産となるからだ。数多く実験し、数多く挑戦することが、ビジネスを成功へと導くのである。

その挑戦は、いまでは小売業だけでなく流通、さらにはさまざまな産業、そして国の経済や金融にまで影響を及ぼしている。これは現在では「アマゾン効果」とも呼ばれているが、ベゾス流の「果敢」さが、ビジネスばかりか世界をも動かそうとしているのである。

◆成功する企業を築くには2つの方法がある

成功する企業を築くには2つの方法があります。ひとつは顧客が高いマージンを支払うことを納得してもらうように一生懸命働くこと。もうひとつは顧客に低いマージンで提供できるように一生懸命働くことです。

There are two ways to build a successful company. One is to work very, very hard to convince customers to pay high margins. The other is to work very, very hard to be able to afford to offer customers low margins.

——WIRED「Jeff Bezos Owns the Web in More Ways Than You Think」(2011年)

アマゾンは世界トップのオンライン通販企業だが、実は収益が黒字化したのは2002年になってからだ。1995年の創立から、実に7年間は赤字企業だったのである。

「アマゾンが通った後には、雑草も生えない」などと陰口を叩かれるように、アマゾンはさまざまな業界の実店舗の脅威となってきたが、赤字だったのにはもちろん理由がある。その最大の理由は、アマゾンそのものが眼前の利益に固執していない点だろう。

1997年にアマゾンはナスダックに株式を公開している。このときベゾスはアマゾンが創業以来、多大な赤字を出しているが、この赤字は今後も出続けるし、赤字幅はもっと大きくなるかもしれないとまで株主の前で明言した。

しかし、それでもアマゾンの株主はベゾスを歓迎した。2011年のインタビューでのベゾスの発言からは、なぜアマゾンが赤字でも躍進できたのか、その理由の一端が冒頭の言葉に表れている。

ベゾスは、「成功する企業を築くには2つの方法がある」として、ひとつは、顧客が高いマージンを支払うことを納得させるために一生懸命働くこと。もうひとつは、できるだけ低いマージンで提供できるよう一生懸命働くことだと言う。

もちろん、アマゾンは後者だ。この経営方針は、現在まで続いている。これまでのアマゾンの最高純利益は、２０１７年度の約30億ドル（約３３００億円）。これはトヨタの実に8分の1でしかないのだ。

それでいて株価は高く、２０１８年にはアマゾンの時価総額はアップルに続く史上2番目の時価総額1兆ドル（１１０兆円）超えを実現している。同時期のトヨタの時価総額は22兆円だったから、アマゾンの純益はトヨタの8分の1なのに、時価総額はトヨタの5倍にもなっているのである。

「より劣ったサービスでもいいと考えているお客さんに対しても、手が出せない価格にしてしまわないように心がけています」

とベゾスは語っているが、目の前の利益を追求するよりも、同じ商品やサービスで、より安く提供することのほうが、将来にとって重要なことだと考えているのである。それはこれまでのアマゾンのサービス、たとえばキンドルやＡＷＳを見ても明らかだ。

利益は企業の血液だが、それが企業の存在理由ではない、とベゾスは言う。血液は、生きていくためには当然必要だが、血液のために生きているのではない。企業という、利益追求の組織のトップにいながら、そう言い切れるところがベゾスのすごいところであり、他の経営者とは大きく異なる哲学でもある。

◆アマゾンが決して手を出さないビジネス

アマゾンはアマゾンのやり方でビジネスをしていきますよ、ということだけです。よそさまのコピーはしません。それが私たちのやり方です。

――WIRED.jp「ジェフ・ベゾスが語る、ファッション、未来、eBookとテイラー・スウィフト」2012年

アマゾンは1995年に創立している。同社の前身であるカダブラでも、前年の94年の創業だ。このときベゾスは、インターネットを利用したオンライン書店をスタートさせようと考えたが、実はすでに当時からオンライン書店はいくつかスタートしていた。このときベゾスは、インターネットの成長率を調査し、「これほどのスピードで成長するなど、まず考えられません。常識外れのことで、『これほどの成長にマッチするのはどのような事業計画だろうか』と考えるようになりました」（『ジェフ・ベゾス　果てなき野望』）と思ったそうだ。この話は、以後あちこちでベゾスは話している。

こうしてどのような商品をオンラインで扱おうかと模索し、ソフトウェア、事務用品、アパレル、音楽など販売する商品の候補を20種類リストアップしたなかで、書籍が一番いいとの結論に達したのだという。書籍はどこでも同じ本が買えるため、客が安心して買い物でき、しかも数社の取次（卸業者）から仕入れるだけで膨大な数の商品が集まる、といった理由からだ。すでにオンライン書店がいくつかあったが、この話からすれば、アマゾンはそれらのサービスを模倣したのではなく、「エブリシング・ストア」構想の最初の商品として、書籍がベストだと考えたのである。

実際ベゾスは、「他社を真似したビジネスには手を出さない。従来と異なるサービスを提供できない限り、ビジネスはやらない」とまで言い切っている。まったく同じ趣旨で、米国に本社を置くテクノロジー専門誌「ワイアード」（WIRED）の日本版インタビューに答え、ベゾスは「アマゾンはよそさまのコピーはしません」「アマゾンのやり方でビジネスをしていきます」とも語っている。

電子書籍やキンドル端末の販売でも、アマゾンはコピーではなく独自の方法、言い換えればアマゾンのやり方でスタートした。すでに電子書籍そのものは、ネット上で流通しており、この電子書籍を販売するサイトもあったし、読書端末である電子書籍リーダーも、キンドル以前から数種類が販売されていた。

だが、やはりアマゾンの電子書籍ビジネスは、他社のコピーではなく、まったく独自の方法でスタートした。好きな電子書籍がワンクリックで購入でき、自動的にキンドル端末に配信され、どの端末からでも続きが読めるという、購入から読書までの一貫したシステムを構築してのスタートだ。

同じような商品・サービスがあっても、アマゾンはこれを独自に変革し、アマゾン流の方法で展開していく。商品やサービス、さらにビジネスを「アマゾン流」に作り直して展開することこそが、実はアマゾンの原点なのではないだろうか。

◆「エブリシング・ストア」を支える3つの要素

「品ぞろえ」「利便性」「低価格」という3つの要素を大事にしています。この3つは密接に結びついているものです。まずは、品ぞろえから始まります。顧客が求める品物がなければ、価格がどれほど安くても、どれほど速く届けられても意味がありません。

――「日経ビジネスオンライン」（2012年5月1日）

ベゾスの「エブリシング・ストア」構想からスタートしたアマゾンは、原点である「エブリシング」、つまり地球上のすべての商品を扱うストアを目指してきた。そのため、最初は小さな倉庫から始まったが、やがて商品をストックする倉庫はどんどん大きくなっていく。

1998年には、ベゾスはウォルマートの物流担当バイスプレジデントだったジミー・ライトを引き抜いている。ウォルマートは世界最大のスーパーマーケット・チェーンだが、ベゾスはライトに「空母以外は何でも扱える物流システムが欲しい」と言っていたほどだ。

アマゾンをネット小売業者だとしか認識していない人も少なくないが、実はアマゾンは物流でも非常に大きな力を持っている。最近では日本でも、アマゾンのセールや年末年始、歳暮・中元の時期など、物流や配送業界に大きな影響が出て問題になっており、ごく近い将来に自前の物流網を持つ計画も進んでいる。実際、2017年には米国で航空貨物物流センターの建設計画を発表していたほどだ。

この「品ぞろえ」と、早く届けるという「利便性」のほかに、もう1点ベゾスが強調しているのが、「低価格」という要素だ。「品ぞろえ、利便性、低価格という3つの要素は、密接に結びついています」とベゾスはインタビューに答え、続けて、

「まずは、品ぞろえから始まります。顧客が求める品物がなければ、価格がどれほど安くても、どれほど速く届けられても意味がありません」

この3つの要素は、どの要素が欠けても、アマゾンの顧客第一主義を満足させられない。が、届くまで時間がかかったり、価格が安くても、「品ぞろえ」が貧弱では「顧客にとって意味がない」とベゾスは言う。だから「まずは、品ぞろえから」始まるのだ。

しかし、アマゾンの品ぞろえとは、どの商品をそろえるかではない。すべての商品をそろえ、購入することができることこそ、アマゾンが目指す「エブリシング・ストア」の究極の姿だからだ。

業界によって、企業を成長させる重要な要素は異なってくるだろう。どの要素に力を入れるかを選択し、判断するには、そのための根本的な視点が必要だ。それがアマゾンでは「顧客第一主義」であり、それを実現するための「品ぞろえ」なのである。

「(アマゾンでは) この3つの要素をすべて改善していくためにエネルギーとリソースを注ぎ込んでいます」

とベゾスは言う。アマゾンの根幹はまず「品ぞろえ」から始まり、顧客に満足してもらうために「利便性」と「低価格」を実現しようとする企業なのである。

◆〝輝く〟ことに執着しない

会社は輝くことに執着すべきではない。なぜなら輝きが続くことはないからだ。

A company shouldn't get addicted to being shiny, because shiny doesn't last.
――WIRED「Jeff Bezos Owns the Web in More Ways Than You Think」(2011年)

アマゾンが独自のタブレット「キンドルファイア」を発売したのは、２０１１年9月のことである。

このキンドルファイアは、同じ電子書籍端末でありながら、２００7年に発売されたキンドル（日本発売は２０１２年）とは別路線の端末だった。キンドルが、イーインク（E Ink）を利用した電子書籍を読むことに特化した端末であるのに対し、ファイアは液晶ディスプレイを搭載し、グーグルが中心となって開発しているオープンソースのＯＳ（オペレーションシステム）であるアンドロイドをもとに、これを独自に改良したタブレットである。

もちろん、電子書籍を読む以外に、通常のタブレットと同じようにインターネットを利用したり、あるいはゲームや動画、音楽なども楽しめるタブレットだ。

実はこのファイアの発売によって、アマゾンはそれまで行っていた音楽配信に力を入れ、さらにビデオ配信に取り組み、現在のアマゾン・プライムビデオという動画コンテンツ販売の足がかりにもしている。

アマゾン・プライムビデオというのは、年会費を払って会員になると、ドラマや映画などの動画が見放題になるというサービスだ。いまでこそフールー（Hulu）やネットフリックス（Netflix）といった会員制の動画配信サービスが流行っているが、プライムビデオはこれらと同じものだと思えばいい。

ベゾスはファイア発売直後、米国のワイアード誌のインタビューに次のように答えている。

「インテルもコモドールも、そしてアタリも、常に輝く製品を持っています。でも、企業というのは輝くものに執着すべきではない。なぜなら、輝きが続くことはないからだ。それより重要なのは、顧客に自社サービスを高く評価してもらうことだ」

時代をつくるような企業には、たいていその企業を代表する製品というものがある。ときには企業名は知られていなくても、製品名が広く周知されていることさえある。そんな輝かしい製品、いわば大ヒット商品を持つことは、企業にとって望ましいことかもしれない。

キンドルは、アマゾンを代表する大ヒット商品だが、そのキンドルに対抗するようなファイアをあえて発売した。「輝くものに執着すべきではない」という言葉を実践したわけだ。

キンドルが電子書籍端末であるのに対し、ファイアは電子書籍端末でもあり、さらに音楽やビデオといったコンテンツのメディアプレーヤーでもあり、アマゾンが販売する豊富なコンテンツを消費するための端末でもあったからだ。輝くものに執着しないことで、逆により収益増につながる新しい商品を誕生させたのである。

◆すべては「顧客が決めるもの」

我々は市場シェアを自分たちで決めることはできないと常に思っています。最高の顧客経験を提供することに重点を置いてビジネスを展開するだけ。あとは顧客がアマゾンのシェアを決めます。

——「日経ビジネスオンライン」（2012年5月1日）

アマゾンは書籍のネット販売からスタートしたが、いまでは音楽や靴、ファッション、それに家庭用品や文具、アクセサリー、キッチン用品、ベビー用品など、扱っている商品は実に多彩だ。「エブリシング・ストア」を標榜してきただけに、その取扱商品の種類は、今後もどんどん増えていくだろう。

では、アマゾンは単なる巨大な小売店なのかというと、そんなことはない。ＡＷＳに代表されるように、インターネットを利用している企業や個人にとって、アマゾンは巨大なクラウドを提供してくれる企業でもあり、プライムビデオのようにメディアの一面も備えてきている。

これらの流通、クラウド、メディアなどの業界では、アマゾンの進出によってそのバランスが崩れようとさえしている。単なるオンライン書店が、いまやさまざまな業界のバランスを崩す存在にまで成長してしまったのだ。

では、なぜアマゾンがそのように他社から「脅威」と捉えられるほど成長したのか？

「我々は市場シェアを自分たちで決めることはできないと常に思っています」

とベゾスは言う。「アマゾンで買い物をするのか、それとも別のところでするのか。これは常に顧客が決めることです」

市場シェアは、アマゾンが決めるのではなく、顧客が決めるものなのだとベゾスは言う。そのために、アマゾンでは新しい商品やサービスを提供すると決めたら、そのために辛抱強く準備し、準備が整うまではリリースしない。

「待つのは平気です。状況によっても変わりますが、一般的に私たちの会社が見ているタイムラインは、5年から7年」

ベゾスは、「5年から7年」という言葉をよく使う。ひとつの商品、あるいはサービスを提供するのに、準備から軌道に乗せるまでこれほど時間をかける企業は珍しい。とくにIT業界では、新しいサービスをリリースするのにほんの半年～1年の準備期間しかないという企業のほうが、むしろ多いのではないだろうか。ところがアマゾンでは、この準備から軌道に乗せるまでに5年、7年といった時間をかける。ベゾスは続けて言う。

「もちろんどこかの時点で顧みる必要は出てくるでしょう。うまくいかないものにいつまでも投資することはできませんから」

こうして満足できるだけの時間をかけて準備し、リリースしたサービスや商品も、それがヒットし、市場でシェアを拡大するのは「顧客が決めるもの」だと言う。アマゾンが業界バランスを崩すほどの存在になったのは、この準備と自信があるからこそなのだ。

◆トヨタの改善手法を早くから採用

日本から学んだこととして、トヨタがリーン生産方式の一部として広めた改善手法をアマゾン全体でかなり早くから採用しています。

――「日経ビジネスオンライン」(2012年5月1日)

アマゾンは１９９４年に設立され、翌95年にサービスを開始しているが、日本では98年にアマゾンジャパン株式会社が設立され、２０００年からサービスが開始されている。現在世界中には、米国本社を筆頭にオーストラリア、ブラジル、カナダ、中国、フランス、ドイツなど14カ国でショッピングサイトが展開されている。

急成長してきたアマゾンだが、ベゾスは早くから日本市場を意識し、日本を重要なマーケットと捉えていたようだ。「日経ビジネス」のインタビューでも、ベゾスは日本市場について次のように語っている。

「日本のアマゾンは私たちにとって最も重要なマーケットプレイスの1つ。その成長率はオープンして以来、非常に好調です。（アマゾンは顧客に）優れた顧客体験を提供していると思います」

ＩＴ業界というのは、まさにグローバル化を邁進してきた。さまざまなモノ、ヒトがインターネットで密接に関連することによって、国境を越えたビジネスが展開されている。グーグルもアップルも、あるいはフェイスブックやインスタグラムといったＳＮＳも、そしてアマゾンもこの点ではまったく同じだ。

とくにベゾスが日本を重要な市場だと考えているのは、日本の物流とモバイルだ。

「私たちはさまざまな測定基準を使ってベンチマークしていますが、日本における配達スピードは世界のどこよりも速い」

日本から生み出されたアマゾンのイノベーションはあるかという質問にも、ベゾスは「モバイルコマースは日本のアマゾンから始まりました。日本はほかの地域よりも早く、通信環境が整った携帯電話が普及したからです」と携帯端末による商取引であるモバイルコマースの例をあげている。

さらにベゾスは、日本から学んだこととして、トヨタの「カイゼン」があるという。トヨタの生産現場では、作業効率の向上や安全性の確保などに関し、現場の作業者が中心となって知恵を出し合い、ボトムアップで問題解決をはかっている。これがトヨタの「改善」、海外でも「カイゼン」と呼ばれる作業の見直し活動だ。

また、トヨタのリーン生産方式も取り入れている。これは「トヨタ生産システム（TPS）」の別名で、製造工程でムダな部分を排除して徹底的に効率化することで、従来どおりの品質を保ちながら全体的なコストを大幅に削減する生産方式だ。

ベゾスはこれらのトヨタ方式に大きなインスピレーションを得たというが、ベゾスのさまざまな分野から貪欲に学ぶ姿勢は、その経営にも大きく活かされているのである。

◆多様性こそが最大の武器となる

セルフサービスのプラットフォームなら、ありえないようなアイデアも試されます。「それは無理だ」と言う専門の管理者がいないからです。そして意外なことに、そのようなアイデアの多くがうまくいくのです。この多様性は、社会にとって大きなプラスです。

When a platform is self-service, even the improbable ideas can get tried, because there's no expert gatekeeper ready to say 'that will never work!' And guess what—many of those improbable ideas do work, and society is the beneficiary of that diversity.
——『The Everything Store: Jeff Bezos and the Age of Amazon』（Brad Stone）

これまでアマゾンが開発・発売した商品のなかにも、失敗したものがいくつもあるが、これらの失敗をベゾスはあまり気にしていないようだ。失敗を気にするよりも、むしろ挑戦しなかったことのほうがベゾスにとっては後悔のもとなのだろう。

これはベゾスがアマゾンを創業するときのことを思い出せば、よく理解できる。

しかし、後悔しないようにと、さまざまなサービスや商品を開発するのは、アマゾンが「地球上で最も豊富な品ぞろえ」を標榜し、これを実現しようとしているためである。大量の品ぞろえで、しかも低価格で提供すること——アマゾンは、まさにシンプルな目標に向かって突き進んでいるようだ。

では、なぜそれほど大量な品ぞろえが可能なのだろうか？　その理由は、アマゾンの「マーケットプレイス」という仕組みを考えるとわかる。

2002年にスタートしたマーケットプレイスは、アマゾンと顧客以外の第三者が出品者となり、商品を売買するための場所とその仕組みのことである。このマーケットプレイスによって、アマゾンが扱う商品は約3億5000万品目にまで達している。

再三記すように、アマゾンはベゾスの「エブリシング・ストア」という構想から出発した。何でも取り扱っている商店だ。その構想を実現に近づけたのが、このマーケットプレイスだといっていい。マーケットプレイスでは、誰もが商品を自由に出品できる。新品から中古品まで、何でも販売できる。この仕組みによって、アマゾンの取扱商品が膨大な数に跳ね上がったのだ。

「セルフサービスのプラットフォームなら、ありえないようなアイデアも試されます。（中略）この多様性は、社会にとって大きなプラスです」とベゾスは言う。アマゾンが多品種の商品を扱うのは、それが社会にとって大きなプラスだと考えているからだ。その商品がヒットするかどうかは、「顧客が決めるもの」だとも明言する。

アマゾンの創業以来、アマゾンもベゾスも従来からある業界、とくに小売業を破壊する存在として、一部で批判されてきたが、アマゾンが小売業界を破壊するかどうか、あるいは提供する商品やサービス、仕組みといったものがヒットするかどうか、それらはすべて顧客が決めるものである、とベゾスは考えている。

アマゾンという一企業が、多品種の商品やサービスを取り扱うことは、それぞれの業界の脅威となり、批判もされるだろう。だが、アマゾンがこれらの商品やサービスを提供するのは、多様性が顧客にとっても、あるいは社会にとっても大きなプラスである、と信じているからだろう。アマゾンにとってすべては「顧客が決める」ものなのである。

Part 2

大事なことは、二者択一では考えない

——仕事への向き合い方とチャレンジ精神

◆〝両方〟が得られる方法を探し出す

問題に遭遇したとき、私たちはあちらかこちらかという考え方はしません。両方が得られる方法を見つけます。そうできると信じて努力すれば、どのような箱からも出られる方法が見つかります。

Whenever we have a problem, we never accept either/or thinking. We try to figure out a solution that gets both things. You can invent your way out of any box if you believe that you can.
——「One Click: Jeff Bezos and the Rise of Amazon.com」(Richard L. Brandt)

アマゾンには、数多くの失敗がある。新しい商品や新たに開発した機能、サービスなど、数え上げたらキリがないほど多くの失敗を繰り返してきた。しかし、ベゾスは失敗することを恐れない。いや、「失敗はイノベーションと発明の本質的な部分です。もしそれがうまくいくとわかっていたら、それは挑戦ではありません」とまで言っている。

大企業の創設者やカリスマ経営者など成功した経営者は、仕事で成功ばかり繰り返してきたようなイメージがあるかもしれないが、そんなことはない。たとえば、マイクロソフト社を創設したビル・ゲイツは、「成功を祝うよりも失敗から学ぶ方が重要」と言っているし、フォード・モーターの創設者であるヘンリー・フォードも、「失敗はもう一度最初から始めるきっかけに過ぎない」という名言を残している。

ベゾスは長年の夢だった航空宇宙企業「ブルーオリジン」を、２０００年に設立している。この企業は、将来的には有人宇宙飛行を商業化し、周回軌道から地球や星を眺めるツアーを提供することを目的としている。

アマゾンのＣＥＯとして見られることが多いベゾスだが、実はベゾスはこのブルーオリジンのオーナー（所有者）でもある。もともとベゾスの夢は発明家、それも宇宙に関係するビジネスに関わりたいというものだったから、アマゾンに飽きたらブルーオリジンに全面的に関わっていくかもしれない。

このブルーオリジンに関する発言のなかで、ベゾスは「失敗」についても言及している。

「問題に遭遇したとき、私たちはあちらかこちらかという考え方はしません。両方が得られる方法を見つけます。そうできると信じて努力すれば、どのような箱からも出られる方法が見つかります」

たとえ失敗しても、自分が求めるきちんとしたものができるまで、ねばり強く発明と再発明を繰り返し続けることが重要だと語っているのである。何度失敗しても、長期的な視点でねばり強く商品やサービス、経営を考え、発明と再発明を繰り返していけば、やがて最良の方法が見えてくるものだと述べているのである。さらに、

「失敗を覚悟すると、心は軽くなる」

ともベゾスは言う。あちらかこちらかと考えるのではなく、両方が得られる方法を考える。そして、失敗を恐れずに試行していけば、やがて問題解決の出口が見つかるというのだ。

ベゾスの仕事のやり方は、この方法に尽きる。アマゾン社員にとって、ベゾスの要求はかなり高いそうだ。それは、ベゾスの仕事のスタンスでは、常に「両方が得られる方法」を考えているからなのだろう。

◆古いルールに縛られない、ということ

今日以降は、古いルールに縛られない存在なのだ
ということを忘れないでほしい。

I know you're retailers and I hired you because you are retailers. But I want you to understand that from this day forward, you are not bound by the old rules.
——『The Everything Store: Jeff Bezos and the Age of Amazon』（Brad Stone）

アマゾンの取扱商品は、実にさまざまだ。アマゾンから公表されていない以上、正確に数えることはできないが、一説には3億5000万品目ともいわれ、ベゾスが構想したエブリシング・ストアに近いものが実現しつつあるといっても過言ではない。

これらアマゾンの取扱商品のなかには、宝飾品もある。

アマゾンが宝飾品を扱い始めたのは2004年からだが、このときベゾスは会議の席上で、「アマゾンは〝アンストア(unstore ＝従来とは異なる小売業の店舗)〟である」と言い放ったそうだ。

書籍から音楽、そしてファッションへと進出したアマゾンだが、さらに宝飾品へと扱う商品の幅を広げたとき、これをどのように販売していこうかと社内でさまざまに検討がなされた。

だが、ベゾスは「アマゾンは小売企業ではない」、だから従来の方法に縛られることはないと宣言した。そして「今日以降は、古いルールに縛られない存在なのだということを忘れないでほしい」とベゾスはアマゾンの仕事の仕方を社員に伝えたのだ。アマゾンは、たしかに書籍をはじめとしたさまざまな商品のネット販売を行う企業だが、決して従来の小売業者とは同じではないという宣言である。

この宝飾品販売では、アマゾン・マーケットプレイスが大きな役割を担っていた。このマーケットプレイスでは、メーカーでも一般ユーザーでも、誰もが商品を出品できる。書籍なら新品の商品とともに「中古品」と書かれた価格が並んでいるが、これもマーケットプレイスの商品だ。

さらに、ベゾスがアマゾンを単なる小売業者だなどとは思っていなかった証拠に、宝飾品販売をスタートするにあたって、従来の値付けとは異なる方法を採用したことがあげられるだろう。

アマゾンでは、ひとつの商品に複数の販売業者がいて、同じ商品が複数の価格で出品される。アマゾンは単なる小売業ではなく、多品種商品のプラットフォームを目指しているのである。それが「古いルールに縛られない存在」という言葉につながっている。

明確には語らないが、ベゾスはこのプラットフォームという考え方をかなり意識しているようだ。

そしてアマゾンが、従来の小売業者から脱却することで、逆に小売業者の脅威へと成長したのである。

◆会議にパワポは禁止。レポート用紙1枚あれば足りる

我々は大変な仕事をしているんだ。ここはリタイアした人が集まる場所じゃないんだ。

What we do is hard. This is not where people go to retire.
——『The Everything Store: Jeff Bezos and the Age of Amazon』(Brad Stone)

アマゾンが扱う商品やサービスは、もちろん最終決定はベゾスだが、それまでにいくつもの会議を経て決められるのは他社とまったく同じだ。

この会議で、有名な話がある。アマゾンではパワーポイントの使用を禁止していることだ。パワーポイントというのは、マイクロソフト社が発売しているプレゼンテーション用ソフトで、文字や画像が入ったスライドを作成し、商品やサービスなどのプレゼンテーションに利用される。

外部へのプレゼンテーションばかりでなく、社内でもパワーポイントを使ったプレゼンテーションや会議を行う企業は多い。ビジネスパーソンの必須ソフトともいわれるほどで、いかに美しいスライドを作成するかに苦労している人も多いだろう。

このパワーポイントを、アマゾンでは使用禁止にしているのだという。それは２００３年ごろからだ。ある日、会議の席で大型モニターが置かれたのを見て、

「私はここをカントリークラブにしたいわけじゃない。我々は大変な仕事をしているんだ。ここはリタイアした人が集まる場所じゃないんだ」

とベゾスが文句を言った。いかに美しいスライドを見せるか、そんなカントリークラブに集まるような老人が好む方法が、プレゼンテーションではない。だからアマゾンのプレ

ゼンテーションでは、レポート用紙1枚に要点が簡潔にまとめられていなければならない。それ以上は無用で、そんなものに労力を割くよりもっと他にやることがあるだろう、というのである。

ベゾスは、物事をシンプルに考える傾向がある。複雑なことも、突き詰めていけば簡潔でシンプルなものにまとめられる。もともとベゾスが構想したエブリシング・ストアは、「インターネット企業がメーカーと消費者をつなぎ、世界中であらゆる商品を販売する」というひたってシンプルな発想だった。

電子書籍端末であるキンドルも、ボタンの数をなるべく減らし、欲しい本がすぐに入手でき、即座に読み進められることを目指していた。あるいはアマゾンの現在の大きな収益源となっているクラウドサービスのS3（ネット上の記憶領域やサービス）は、その名も「シンプル・ストレージ・サービス」の頭文字を取ったものだ。S3を構想したとき、ベゾスはこのサービスの細かな点まで首を突っ込んで、アーキテクチャー（構造、仕組み）をシンプルにしろと、何度もダメ出しをしたとも伝えられている。

ベゾスはシンプルであることやシンプルを目指したサービスこそが、顧客にとって便利で使いやすいものだと確信しているのである。

◆二者択一でしかものを考えられない人の限界

顧客にとっていいことは、株主にとって悪いことだ、などと二者択一でしかものを考えられないのは、素人だ。

That either-or mentality, that if you are doing something good for customers it must be bad for shareholders, is very amateurish.
――『The Everything Store: Jeff Bezos and the Age of Amazon』（Brad Stone）

「一般的に私たちの会社が見ているタイムラインは、5年から7年です」とベゾスが言うように、アマゾンの新サービスや新機能の開発は、他の企業、とくにIT企業と比べてかなり長い。これはベゾスの完璧主義的な志向からきているものかもしれない。

クラウドサービスやキンドルといった新しいサービス、端末、システムなどを作るのに、ベゾスは中途半端な妥協をしない。納得するまで実験し、改良を続けている。どうすることが顧客にとって有益なのかを、常に考えて開発を行っているのだろう。たとえば、2000年の夏――。

この年、書籍の『ハリー・ポッター』シリーズ4作目が発売された（日本発売は2002年）のだが、アマゾンでは通常の40パーセントの値引きで、しかもお急ぎ便で提供するというプロモーションを行った。米国では、書籍は販売業者が自由に販売価格を決めることができるため、そんな戦略も可能だったのだ。

実は、この価格では『ハリー・ポッター』本を1冊売るたびに、何ドルか損失が出ることが事前にわかっていたのだが、大きな話題になることは確かだった。

ところが、ウォールストリートはいい顔をしなかったという。この戦略では、損失が大き過ぎるためだ。このときベゾスは次のように語っている。

「顧客にとっていいことは、株主にとって悪いことだ、などと二者択一でしかものを考えられないのは、素人だ」

このプロモーションでベゾスは、多くの顧客が獲得でき、それが将来の顧客となるなら、損失など安いものだと考えたのである。

ここでもベゾスは、長いタイムラインで考えている。目先の利益に惑わされ、あるいは目先の損失を心配し、そのために損失を出さない方法を考えるよりも、もっと長いタイムラインで考え、将来の利益を優先させているのだ。自社の利益が少なくても、顧客の利益を優先することで、より多くの顧客を集める——実は、これはアマゾンの他の商品やサービスでも採用されている戦略だ。

さらに、顧客と株主といった、二者択一で決断を左右させることはしない。これも商品やサービスを開発するとき、あちらかこちらかといった二者択一で考えるのではなく、メリットを両方が得られる方法を見つけようとするのと同じである。

このプロモーションによって、期間中にアマゾンについて取り上げた記事は、７００件ほどにものぼったそうだ。「両方得られる」方法を探そうとするベゾスの戦略が、まんまと大当たりした瞬間だといえる。

◆新時代のリーダーの条件

リーダーはチームに革新と創造を求め、常にシンプルな方法を模索する。

Leaders expect and require innovation and invention from their teams and always find ways to simplify.
——アマゾンホームページ

ベゾスはアマゾンという企業のＣＥＯであるばかりでなく、実業界でもカリスマ経営者だといっていい。２０１８年3月に雑誌『フォーブス』が発表した世界長者番付では、前年の1位だったビル・ゲイツを抜き、ベゾスが初のトップに輝いている。

そのベゾスの保有資産額は、１１２０億ドル（約12兆円）ともいわれており、この数字は番付史上でも最大を記録している。ちなみに、スウェーデンの国家予算が約12兆円だ。

ベゾスに続くのは、ビル・ゲイツ、ウォーレン・バフェット（投資家）、ベルナール・アルノー（ＬＶＭＨ、クリスチャン・ディオールＣＥＯ）、マーク・ザッカーバーグ（フェイスブックＣＥＯ）といった面々だ。

カリスマ経営者だけに、ベゾスの経営や仕事に対する姿勢は注目されているが、その姿勢の一端は、アマゾンのホームページにも記載されている。ホームページに掲載されているアマゾンの企業理念について書かれたページには、ベゾスが考えるリーダーについての記述があるが、ここには次の言葉が大きく書かれている。

「リーダーはチームに革新と創造を求め、常にシンプルな方法を模索する」

ベゾスは「シンプル」が好きなようで、さまざまな場面でシンプルという言葉を使うが、シンプルな方法を模索することがリーダーの条件だというのだ。さらに、

「あらゆるところから新しいアイディアを探しだします。（中略）私たちは新しいアイディアを実行する上で、長期間にわたり外部に誤解されうることも受け入れます」（アマゾン「リーダーシップの原則」より）

リーダーとは、もちろんアマゾンで働く上で、サービス部門や商品など、担当する部署のリーダーのことだ。そしてリーダーのトップが、CEOであるベゾスだ。

だからこのリーダーとは、ベゾスの姿勢そのものといっていい。ベゾスは、革新と創造を求め、常にシンプルを模索し、新しいアイデアを探し出す。ときにはそれが、長期間にわたって外部から誤解されることもあるが、それさえも受け入れる覚悟がある。

この「リーダーシップの原則」のページには、さらに顧客の信頼を得るために積極的に働くことや、常に好奇心を持って学ぶこと、基準を高く設定し、これを達成するよう工夫することなど、さまざまな点が記載されており、アマゾンで働くということ、さらにはリーダーとして求められる資質などがうかがい知れる。

ベゾスが社員に要求する水準は高く、ときにはそのためにアマゾンを去ってしまう人材もいるようだが、これらはアマゾンを成長させる過程でベゾスが学びとったリーダー論だ。ベゾスは、これらを実践することで、カリスマ経営者にまでのぼりつめたのである。

◆コミュニケーションを深める必要なんてない

コミュニケーションは、機能不全の兆候なのだ。緊密で有機的につながる仕事ができていないからだ。チームが互いにコミュニケーションを増やす方法ではなく、コミュニケーションを減らす方法を探すべきだ。

Communication is a sign of dysfunction. It means people aren't working together in a close, organic way. We should be trying to figure out a way for teams to communicate less with each other, not more.
——『The Everything Store: Jeff Bezos and the Age of Amazon』(Brad Stone)

上司と部下とのコミュニケーション、社員同士のコミュニケーション、取引先担当者とのコミュニケーション……、仕事はさまざまなコミュニケーションを経て形になっていく。コミュニケーションが濃密になればなるほど、仕事が成功する可能性が上がる。従来から、そう考える企業やビジネスパーソンは多い。

とくに世代間のコミュニケーションが不足しがちな上司と部下の間では、社内ばかりでなく退社後にも「ノミニケーション」などと称してコミュニケーションをとろうとすることさえある。

だが、ベゾスはそんなコミュニケーションを否定する。「コミュニケーションというのは、機能不全の兆候なのだ」とある会議の席上、ベゾスはデスクを叩きながら言ったという。

コミュニケーションを深めなければならないというのは、すでに互いの結びつきや組織としての機能が働いていないということと同じだ。アマゾンというのは、各組織や部署が分散・分権し、自律的な意思決定を行うことで進んでいく。

そしてそのためには、「ピザ2枚で足りる」チームが最適だ、とまで言う。夜遅くまで働き、みなで食事をとろうというとき、ピザ2枚とれば間に合う程度の規模のチームで、ひとつの仕事を担当していく。

この規模のチームなら、コミュニケーションを深めようなどと思わなくても、自然にチーム内でコミュニケーションがとれ、意思の疎通がはかれ、仕事もスムーズに進む。ピザ2枚では足りない規模になると、コミュニケーションをとろうと無駄な労力が必要となる。それこそ機能不全に陥っている。

多くの社員同士がコミュニケーションを深め、それで仕事の成果が出るのか？　ベゾスはさらに言う。

「人生は短いから、つまらない人と付き合うような時間はない」

アマゾンで働くというのは、仕事をして成果を出すことであって、社員同士が親睦を深めるためではない。一日の多くの時間を費やす仕事だからこそ、自分の仕事と直接関係しない人と付き合っているような暇はない。

アマゾンは巨大企業になり、社員数も54万人を超えている。社内でコミュニケーションを深めようなどというのは、まったくの幻想にすぎないだろう。アマゾンではコミュニケーションをいかに減らすかを考えることのほうが、コミュニケーションを深めることよりもずっと効率よく、スムーズに仕事を行う方法なのである。

◆変化に対応できる人と組織の共通点

ピラミッド型の組織では、変化に対応しきれない。ときどき他の人に何かをしてもらおうとするが、それがうまくいくなら、望んだような会社になっていないのかもしれない。

A hierarchy isn't responsive enough to change. I'm still trying to get people to do occasionally what I ask. And if I was successful, maybe we wouldn't have the right kind of company.
──『The Everything Store: Jeff Bezos and the Age of Amazon』(Brad Stone)

アマゾンではそれぞれのプロジェクトは、「ピザ2枚分」のチームで担当する、というのが慣例だった。これはチーム内で意思疎通をはかりながら仕事を進めるのに、ちょうどいい規模だと考えているからだ。

同じチームの社員それぞれが、緊密で有機的につながって仕事をすれば、スムーズに仕事を進めるためのコミュニケーションなど不要になる。もともと「ピザ2枚分」のチームなら、コミュニケーションがとれているからだ。

この「ピザ2枚分」の規模のチームというのは、アマゾンが分散・分権と自律的な意思決定を中心に経営されているからだ、とベゾスは言う。そして「ピラミッド型の組織では、変化に対応しきれない」とベゾスは考えている。

ＩＴ業界は、猛烈なスピードで発展している。インターネットの発展のスピードは目をみはるものがある。仕事の多くの部分が、パソコンやインターネット、それにネットを使ったクラウドがなければ滞ってしまう。

そのような状況のなかで新しい商品やサービスを展開するためには、さまざまな意思決定が必要になる。意思決定と選択には猛烈なスピードが要求される。これは従来からのピラミッド型組織では不可能なのだ。

「ときどき（上意下達で）他の人に何かをしてもらおうとするが、それがうまくいくなら、望んだような会社になっていないのかもしれない」

とベゾスは言う。この考えは、何もベゾスだけのものではない。ＩＴの先端を行くハイテク企業に共通した考えで、スピーディーに製品やサービスを展開するためには、小さなチームが自立し、意思決定権を持つべきだというのである。「問題解決に一番適しているのは、その問題に直面している人々だ」という考えで、アマゾンだけでなくグーグルやフェイスブックでも、いまでは同じように運営されているのである。

アマゾンでは長いタイムラインで商品やサービスを開発・展開するが、それでもスピーディーな意思決定が必要になる。仕事は、選択と決断の連続なのだ。

従来のピラミッド型の組織ではどうか。これはマイクロソフト社の凋落《ちょうらく》ぶりを見ればわかる。組織が大きくなり、中間管理職が増え、ピラミッドの頂点から裾野へと意思が伝わる間に、意思決定が遅れ、ベゾスのいう「イノベーション」が生まれにくい組織になってしまった。

古い経営スタイルは、いまや時代に合わなくなってきているのだ。新しい時代の効果的なスタイルとして、ベゾスのこの言葉には、耳を傾けるだけの大きな価値がある。

◆必要な人材はどこにいるか

必要な人材はこれから雇えばいい。難しい道なのはわかっている。どうすればいいのかは、これから学ぶ。

We are going to hire our way to having the talent. I absolutely know it's very hard. We'll learn how to do it.
――『The Everything Store: Jeff Bezos and the Age of Amazon』(Brad Stone)

わずか10万ドルに満たない資金で創業されたアマゾンは、いまや時価総額1兆ドル、従業員数54万人を超す、まさに一国に匹敵するほどの超大型企業に成長している。創業したときは、従業員は創業者のベゾスと、プログラマーなどほんの数人しかいなかった。

アマゾンが大きくなるにつれて、もちろん従業員も増えていった。アマゾンの採用試験は、面接時に仕事とは関係なさそうな質問をいくつも出題し、その答えを見るというものだったそうだ。

これはベゾスがD・E・ショー時代の手法を取り入れたもので、難問にどう対処するのかを見るためのもの。面接官は「絶対採用したい」「あまり採用したくない」「やや採用したい」「ぜひ採用したい」の4段階評価を行い、反対する担当者がひとりでもいれば、その学生は採用しないという決まりだ。

キンドルを開発するときは、もともと新しい分野のため、専門家自体がいない。そんな分野に手を出すことを危惧した社員に対し、ベゾスは次のように一蹴したという。

「必要な人材はこれから雇えばいい。難しい道なのはわかっている。どうすればいいのかは、これから学ぶ」

アマゾンが他の企業と異なるのは、そのスピードと辛抱強さではないだろうか。現在のビジネスではスピードが求められている。新しい商品やサービスの開発は、とにかく真っ先に取り掛かり、形にすることが必要だ。そのために必要な人材はこれから集め、どうやって進めていくかもこれから考える、というのがアマゾンの手法なのだ。スピーディーに取り掛かり、じっくり時間をかけて開発する、それがアマゾンの手法なのである。

さらに立ち上げたビジネスを、顧客にとって便利で使いやすいよう、じっくり辛抱強く改良する。そのためにも、優秀な人材が必要になる。

「経営者なら、優秀な人材を自社で採用しなければ、彼らは将来独立してしまうということを理解すべきだ」

とベゾスは言う。アマゾンが採用する人材は、新しいことに挑戦することを厭《いと》わない人材だ。アマゾンが目指しているのは新しい事業、これまで誰もやってこなかった事業だ。だから採用する人材には、これまでの「経験」など求めない。新しい分野の経験など、誰も持っていない。だからこそ、新たに待ち受ける難問を解決する柔軟な発想と頭の良さを持つ人材が必要なのだ。そして、そういう人材を採用しなければ、彼らは自らが経営者として独立し、アマゾンのライバルになってしまう。経営者なら、そのことをよく理解しておくべきなのだ。

◆アイデアは閃《ひらめ》くものではない

社内でアイデアが育《はぐく》まれるプロセスというのは、意外にぐちゃぐちゃなものです。パッと閃くような瞬間などありません。

When a company comes up with an idea, it's a messy process. There's no aha moment.
――『The Everything Store: Jeff Bezos and the Age of Amazon』（Brad Stone）

仕事、とくに創造的な仕事を行う人は、アイデアを形にするのが上手い。アマゾンのアイデアは、ベゾスの「エブリシング・ストア」――地球上のすべての商品を扱うストア、というアイデアを実現しようとしたものであるのは何度も記してきたが、そんな途方もないストアを構想し、それを実現できるようさまざまな工夫を凝らしてきたベゾスは、やはりアイデアの天才なのだろう。

「地球上のすべての商品を扱うストア」とはいっても、ストアである限り、アマゾンを単なる小売業者と見るユーザーは多い。便利だが、商品を並べて売っているだけのサイトだと思っているわけだ。

もちろん、アマゾンにはそんな側面もある。従来からの小売業者としての面だ。だが、アマゾンが扱う商品のなかには、従来の小売業の発想では思いもよらなかったものさえある。音楽ファイルの曲ごとのダウンロード販売や、映画やドラマなど動画の視聴、あるいは独自番組の配信といったものだ。アップルが最初に手をつけた分野だが、小売業者としてはアマゾンが最初である。

さらにいえば、現在のアマゾンの収益の大きな部分を占めるのが、前述したＡＷＳである。クラウドサービスだが、ストレージサービスのＳ３とアプリケーション実行環境を提供するEC2の2つのサービスがあり、いまでは多くの企業にとってこれらのクラウドサービスなしでは業務が推進できないほどにまでなりつつある。他のクラウドサービスより圧倒的に低価格で、しかも使い勝手がよくできている。

これまでの小売業とは異なるクラウド事業が、どのような発想から生まれたのかという質問に対し、ベゾスは次のように答えている。

「社内でアイデアが育まれるプロセスというのは、意外にぐちゃぐちゃなものです。パッと閃《ひらめ》くような瞬間などありません」

ビジネスのアイデアというのは、頭のなかで電球が灯るように、パッと閃くようなものではない、というのだ。

いや、あの発明家エジソンでさえ、「私はこれまで、偶然の閃きで、価値ある発明をしたことなど一度もない。すべての発明というのは、その発明に関わった人の想像を絶するような熱意が注ぎ込まれているものなんだよ」という名言を残している。

ベゾスの場合も、あるいはアマゾンの場合も、まったく同じだ。多くの発明が一瞬の閃きのように見えても、実際は「ぐちゃぐちゃなもの」をビジネスへとつなげる辛抱強さを持っていたからこそ生まれたものなのである。

◆チャンスの芽を逃さない視点

それは小売事業と同じくらい大きな可能性を秘めている。（中略）とても広い範囲をカバーしているが、大きなことが非効率に行われているとき、そこにはチャンスがある。

It has the potential to be as big as our retail business, …a very large area right now [and] it's done in our opinion in a very inefficient way. Whenever something big is done inefficiently that creates an opportunity.
――「One Click: Jeff Bezos and the Rise of Amazon.com」(Richard L. Brandt)

アマゾンのクラウドサービスであるAWSは、現在のアマゾンの屋台骨ともいえる事業だが、これは2006年にスタートしている。

実はアマゾンは当初、これをビジネスとして提供しようとは考えていなかったようだ。2003年ごろから、アマゾンでは自社サーバーのインフラに悩んできた。増え続ける膨大な数の商品、さらに膨大な数の顧客データを持つアマゾンだけに、サーバーインフラをどう整備しようかという研究が進められてきた。

これと前後して、アマゾンではアソシエイトというプログラムが行われていた。成功報酬型広告と呼ばれるもので、一般的には「アフィリエイト」と呼ばれるものだ。アマゾンの商品を他のサイトで紹介し、そのサイトを通じて商品がアマゾンで購入されると、購入金額の何パーセントかが紹介者に支払われるというプログラムである。

このアソシエイトによって、アマゾンの利用客が爆発的に増加するのだが、アマゾンではこれらのアソシエイトプログラムを利用するサイトそのものを、アマゾンのなかに取り込もうと考えたのだろう。2004年にサンフランシスコで開催された「ウェブ2.0会議」で、ベゾスは「ウェブ1.0の登場で、一般の人がインターネットを使えるようになりましたが、ウェブ2.0の登場で、インターネットはコンピュータにとって使いやすいものになりつつあります」と語っている。

従来からのウェブ（ウェブ1・0）は人々がインターネットを使っていたに過ぎないが、新しいウェブ2・0ではコンピュータがインターネットを使う——この考えから、ベゾスはクラウドサービスの構想を得たのだろう。コンピュータがインターネットを使うとは、文字どおりコンピュータ・プログラムがインターネット中を走り回ることだ。アソシエイトも、実際にはプログラムがインターネットを走り回る。そのため、ベゾスは「企業の新たなインフラ投資として、仮想上のサーバーサービスが今後普及する可能性がある」とも言及している。

「（クラウドサービスは）小売業と同じくらい大きな可能性を秘め、とても広い範囲をカバーしている。大きなことが非効率に行われているとき、そこにはチャンスがある」

とベゾスは確信する。この確信から、ベゾスは他のクラウドサービスより90パーセントも安価なサービスを展開した。「利益率が低ければライバルは減る」と考えたのだ。圧倒的な安値でサービスを提供すれば、すでにある企業も、これから進出しようとする企業も、アマゾンに対抗し得ない。その後のAWSの勝利は、このときのベゾスの見通しと決断が正しかったことを証明しているといっていい。

◆人材のレベルを上げる方法

誰かを雇ったら、その人を基準に次はもっと優れた人を雇うようにする。そうすれば、全体的に人材のレベルがよくなっていく。

Every time we hire someone, he or she should raise the bar for the next hire, so that the overall talent pool is always improving.
──『The Everything Store: Jeff Bezos and the Age of Amazon』(Brad Stone)

「大声でよく笑う男」――ベゾスはよくこんな言葉で評される。この笑い声を聞いて、楽しくなる人もいれば、なかには逆に身をすくめる社員もいるだろう。

ベゾスが大声でよく笑うのは、実はわざとやっているのではないかという話もある。ただ、ベゾスの妻であるマッケンジー・タトルは、雑誌ヴォーグの取材に答えて、

「私の部屋はベゾスの隣で、あの笑い声がずっと聞こえていました。あの笑い声ですから、好きにならないわけがないでしょう?」

と答えている。まだ二人ともD・E・ショーで働いていたころのことで、あの笑い声が縁でベゾスは妻を得たわけだ。

実はベゾスは、生まれて1年ほどで両親が離婚し、彼は母親に引き取られている。さらに5歳のときに母親はキューバ系アメリカ人と再婚している。ベゾスは、実の父親を知らずに育ったのだ。

ベゾスとアマゾンについて『ジェフ・ベゾス　果てなき野望』を著したブラッド・ストーンは、この著書のなかでベゾスの実の父親とその関係者に会っているが、ベゾスの笑い方は実の父親の笑い方とそっくりだと記している。やはりベゾスの高笑いは生まれ持ったものなのかもしれない。

アマゾンに採用され、ベゾスとともに仕事をする社員のなかには、この笑い方を抜きにしても、ベゾスを好きな社員もいれば、そうでない社員もいるだろう。が、ベゾスは採用した社員は優れていると認めている。優れた人材しか採っていないのだから当然だ。

「誰かを雇ったら、その人を基準に次はもっと優れた人を雇うようにする。そうすれば、全体的な人材のレベルがよくなっていく」

ベゾスは常々こう語っていたともいう。これが実現できれば、企業としては理想的だろう。いい人材を雇い、これを基準としてさらに次に基準以上の人材を雇えれば、企業は優秀な人材ばかりになる。

ただし、この方法には社内的にも異論があるようだ。「現実離れしている」と考える社員もいる。優秀な人材ばかりが集まったとしても、社員の2割は働かない、という「働きアリの法則」もよく知られている。ベゾスは、日本流にいえば「空気が読めない」人なのだろう。

しかし、少なくともアマゾンの初期のころは、この理想論が実行できた。次々と優秀な人材を採用し、ベゾスの発想や方針を実現できる人材的環境が整えられていた。それがアマゾンを飛躍的に発展させる原動力になったのは確かだ。「空気を読まない」ことも、優れた経営者としての特質なのかもしれない。

◆一見、不可能に見える目標にたどり着く確実な道

「一歩ずつ、果敢に」。これはアマゾンを導く原則である。たとえ不可能に見える目標でも、一歩ずつ前進すればいつか達成できる。挫折も失敗も一時的なもの。無理だという人は無視するに限る。

Gradatim Ferociter, which translates to "Step by Step, Ferociously." The phrase accurately captures Amazon's guiding philosophy as well. Steady progress toward seemingly impossible goals will win the day. Setbacks are temporary. Naysayers are best ignored.
――『The Everything Store: Jeff Bezos and the Age of Amazon』（Brad Stone）

優れた経営者というのは、ときにその優れた発想や行動力によって、常人では決して真似できないと思われるものだ。ベゾスも、そんな優れた経営者であり、カリスマ経営者ともいえるひとりだ。

だが、発想やアイデアなどは別にしても、ベゾスの仕事の取り組み方というのは、決して天才的でもカリスマ的でもない。ベゾスも、もちろん失敗もするし、後悔もする。新しい事業やサービスを立ち上げ、その事業計画をどんなに周到に立ててもだ。

「現実は決して計画どおりにはいかないものさ。しかし、計画を立て、それを書き表すというトレーニングによってこそ、考え方や気持ちが整理されて気分も良くなるんだ」

D・E・ショーを辞め、シアトルに向かう車中で、ベゾスは30ページにも及ぶビジネスプランを立てたという。ベゾスの胸には大きな希望があり、さらに大きな不安もあっただろう。ビジネスプランを立てているとき、そのベゾスの気持ちが整理されていった。

ただし、そのビジネスプランも計画通りにいったわけではない。ベゾスは言う――。

「『一歩ずつ、果敢に』。これはアマゾンを導く原則である。たとえ不可能に見える目標でも、一歩ずつ前進すればいつか達成できる。挫折も失敗も一時的なもの。無理だという人は無視するに限る」

これはベゾスが航空宇宙企業「ブルーオリジン」のスローガンとして提示したものである。有人宇宙飛行の実現という壮大な計画に対し、「一歩ずつ、果敢に」対処していく。それがブルーオリジンだけでなく、アマゾンの原則でもある。

アップルの創業者であるスティーブ・ジョブズは、2005年にスタンフォード大学の卒業式に招かれ、卒業生を前に有名なスピーチを行っている。

「ハングリーであれ。愚か者であれ」という名言で締めくくられたこのスピーチは、この最後の言葉ばかりが取り上げられて語られることも多いが、実はこのスピーチのなかでジョブズは、次のような名言も残している。

「将来をあらかじめ見据えて、点と点をつなぎ合わせることなどできません。できるのは、後からつなぎ合わせることだけです。我々はいまやっていることが、いずれ人生のどこかでつながって実を結ぶだろうと信じるしかないのです」

計画を立てても、それが実現するかどうかなど、誰にもわからない。確かなのは、目標を定め、これに向かって一歩ずつ堅実に進んでいくことだ。そうすれば、いつかその歩みが実を結ぶ、そう信じて進むしかない。ベゾスの言葉も、ジョブズの言葉も、その根底に流れている主張は、まったく同じなのではないだろうか。

◆〝錬金術師〟が活躍するための場をつくる

開発者というのは錬金術師であり、我々の仕事は、彼らが錬金術を使ってくれるようにできるかぎりのことをすることだ。

Developers are alchemists and our job is to do everything we can to get them to do their alchemy.
──『The Everything Store: Jeff Bezos and the Age of Amazon』(Brad Stone)

アマゾンの事業を、書籍を中心とするネット小売業と見るのは、あまりに単純だ。たしかにアマゾンは、書籍のオンライン販売からスタートした。

現在のアマゾンの売り上げは1778億ドル（2017年）で、このうち小売業であるオンラインストアの売り上げは1083億ドルと、全体の60パーセント以上を占めている。

一方、アマゾンのクラウドサービスであるAWSの売上高は174億ドルとなっており、アマゾン全体の1割程度にしかならない。

この数字を見ると、アマゾンは小売業が主体なのだと思うかもしれないが、そんなことはない。なぜなら、アマゾン全体の営業利益は41億ドルであったのに対し、AWSの営業利益が43億ドルだったのだ。なんとAWSがアマゾンの利益のすべてを稼ぎ出しているのである。オンラインストア部門など、赤字だったのだ。アマゾンは、いまやクラウドサービス部門で儲けている企業なのである。

アマゾンがクラウドサービス事業をスタートさせたとき、ベゾスが口癖のように語っていた言葉がある。

「開発者というのは錬金術師であり、我々の仕事は、彼らが錬金術を使ってくれるようにできるかぎりのことをすることだ」

クラウドサービスは企業や個人などのユーザーを対象としてはいるが、AWSのなかでもとくにEC2は、プログラムやサービスを動かす環境を提供する。ユーザーの多くはサービスやプログラムの開発者や、提供されるプログラムの利用者だ。その開発者たちが、どうすればアマゾンのクラウドを利用してくれるのか、それを考えたのである。

このときベゾスは、どのようなサービスが必要なのかを推測するべきではない。そんなものは過去のパターンから推し量ることにしかならないからだ。必要なのは、プリミティブ（コンピュータの構成要素）を作ることで、それ以外は彼らの邪魔をしないようなものにするべきだ、と語っている。

このときベゾスは、クラウドサービスが本質的に必要としているものが、正確に見えていたのだろう。クラウドサービスの利用者である開発者たちを「錬金術師」と考え、彼らが使いやすいものを提供すれば、彼らは錬金術を駆使してくれる。それこそが、アマゾンにとって利益を生み出してくれるものなのだ。

グーグルもマイクロソフトも、あるいはアップルも、現在はクラウドサービスを提供している。かつてIBMの初代社長トーマス・J・ワトソンは、「世界にコンピュータは5台あれば足りる」という名言を残している。これは世界のコンピュータの市場規模を語った言葉で、1943年当時、つまり世界初のコンピュータであるエニアックが登場する3年前のことである。

もちろん、実際にコンピュータが5台あれば足りる、という意味ではない。当時は言葉どおり5台で足りたかもしれないが、現在でいうコンピュータとは、インターネットの中心的存在の企業を指す。

最近ではGAFA（ガーファ）と呼ばれる企業であり、グーグル、アップル、フェイスブック、そしてアマゾンの4つの大企業だ。さらにマイクロソフトを加えGAFMA（ガフマ）とも呼ばれており、この5つの大企業が「世界のコンピュータ」として稼働しているといってもいい。

それぞれの企業が大規模なデータセンターを持ち、世界中から膨大な量のデータを蓄積している。この大規模データセンターを中核として、各社がさまざまなクラウドサービスを提供しており、一般のユーザーはいわばこれらのクラウドを利用しているに過ぎない。4つまたは5つの巨大企業のデータセンターで、クラウドサービスが稼働していれば、一般ユーザーはダム端末と呼ばれるクラウド利用端末で、これらのコンピュータとデータ、クラウドサービスを利用するだけでいい。

トーマス・ワトソンは、世界のコンピュータの市場規模を語ったに過ぎないが、いまやその言葉どおり5つの巨大企業のクラウドサービスとデータセンターが、「世界のコンピュータ」として稼働し、これで事足りようとしているのである。

実際アマゾンでは、商品の注文にバーチャルダッシュというボタンだけの小さな端末を発売したり、スマートスピーカーによる商品の注文も可能にしている。ダム端末どころか、ユーザーはスマートスピーカーがあれば欲しいものを注文し、決済まで行えてしまうのだ。ここではパソコンだって不要だ。

「世界にコンピュータは5台あれば足りる」という世界が、現実にすぐそこまで訪れようとしている。

その5台のうちの1台は、確実にアマゾンなのである。

Part 3 ビジネスチャンスは「非効率」なところにあり

——サービスの本質について

◆モノを売ることで儲けてはいない

我々はモノを売ることで儲けているわけではない。顧客が何を買おうか判断するとき、その判断を助けることで儲けている。

We don't make money when we sell things. We make money when we help customers make purchase decisions.
──『The Everything Store: Jeff Bezos and the Age of Amazon』(Brad Stone)

アマゾンのショッピングサイトには、各商品の説明ページにカスタマーレビューという欄がある。

このカスタマーレビューは、１９９７年ごろから始められたサービスだ。同年、米国最大の書店チェーンであるバーンズ&ノーブルがアマゾンと同じようにオンライン書店に参入してきたとき、ベゾスはリアル書店ではできないサービスを提供しようと考え、カスタマーレビューを始めたのである。

カスタマーレビューは、商品を購入したユーザーの感想を書き込む欄になっており、最大５つ星での評価とともに、ユーザーの感想が書き込まれている。これまで読者の感想や新聞の書評といった、書籍を購入するとき顧客が参考になるものはあったが、アマゾンはこれをもっと推し進め、商品ページにまで掲載するようにしたのである。

カスタマーレビューがスタートした当初、顧客のレビューにはその商品に否定的なものも少なくなかった。商品を売るアマゾンにとって、否定的なレビューは商品の売れ行きを悪くするものだと危惧する反対意見が多かったが、ベゾスはこれに反論した。

「我々はモノを売ることで儲けているわけではない。顧客が何を買おうか判断するとき、その判断を助けることで儲けているんだ」

否定的なカスタマーレビューによって商品が売れなかったとしても、顧客はその商品を購入して時間やお金を無駄にせずにすんだ、と感じるだろう。それがアマゾンの信用につながる。本当に顧客を大事にするというのは、そういうことなのだ、とベゾスは言う。

さらに、「良いカスタマーサービスとは、顧客との約束を守ることです」とベゾスは言う。商品を購入してくれた顧客に対し、期日までにきちんと送付し、電子メールで問い合わせがあれば即座に回答する。そういう当たり前のサービスをきちんと実行していくことが、顧客の信頼を得ることにつながる、とベゾスは考えているのである。

ベゾスにとってサービスとは、顧客が商品を買おうかどうか判断するとき、その判断を助けるための情報を提供し、さらに顧客との約束を守り、その上でできるだけ商品アイテムを増やし、送料を安くし、顧客に届くまでの時間を限りなくゼロに近づけようとすることなのだ。

そのためのアイデアやシステムを次々と追加していく。プライム会員の送料無料サービスや、当日お急ぎ便、あるいは注文から30分以内で届けるプライムエアー、ドローンを利用した配達、不在でも荷物が届く宅配ポストなど、さまざまなサービスを展開しようとしている。それがアマゾンが顧客に提供できる付加価値だと考えているからだ。

◆継続的な関係性を築くために

私の慈善活動では、現時点で喫緊のニーズを満たすだけでなく、永続的に人々の役に立つような影響力を持つものにもしたいと考えています。

I'm thinking I want much of my philanthropic activity to be helping people in the here and now—short term—at the intersection of urgent need and lasting impact.
——Twitter でのベゾスのツイート

2018年9月、ベゾスは妻のマッケンジーとともに、20億ドル（2200億円）規模の慈善ファンド「ベゾス・デイ・ワン・ファンド（Bezos Day One Fund）」を立ち上げたと、公式ツイッターアカウントで発表した。

この慈善ファンドは、ホームレスの家族などを支援している非営利団体を援助するものと、低所得地域における幼稚園の新しいネットワークを構築するものの2つの分野を対象とするものだ。

実はベゾスは、これまであまり慈善事業には積極的ではなかった。ビル・ゲイツやフェイスブックのザッカーバーグといった富豪は、多くが社会奉仕活動や慈善目的に財産の半分を提供するといった誓約をしており、実際にビル・ゲイツなどは、マイクロソフトを離れるとともにビル&メリンダ・ゲイツ財団を設立し、「あらゆる病気の根絶」という目標を掲げて多額の寄付を行っている。

ザッカーバーグにいたっては、将来にわたって自分が保有するフェイスブックの株式の99パーセントを、段階的に慈善事業に寄付するとまで発表している。現在の評価額で計算すれば、約450億ドル、日本円にして約5兆円に相当する額だ。

彼らが慈善事業に取り組むのは、「世界の富豪たちには富を社会に還元する責任がある」

（ビル・ゲイツ）と考えるからである。

一方で、ベゾスはこれまでほとんど慈善事業にタッチしてこなかった。その理由について、ベゾスはツイッターで次のように発言している。

「私の慈善活動では、現時点で人々の役に立つ喫緊のニーズを満たすだけでなく、永続的に人々の役に立つような影響力を持つものにもしたいと考えています」

この発言は、ベゾスがアマゾンでやろうとしている顧客へのサービスと、相通じるものがある。「人々（顧客）のニーズを満たし、永続的な影響力を持つ」ことは、アマゾンが顧客に提供するサービスと同じだ。

ベゾスは、「顧客との継続的な関係を築くことが、アマゾンのビジネスモデルだ」と常々語っている。しかも、「アマゾンは準備が完璧に終わらないかぎり、事業を開始しない」とまで言う。

彼がこれまで慈善事業に積極的でなかったのは、「準備が完璧に」終わっていなかったと考えていたのだろう。そして慈善事業を行うなら「継続的な関係を築く」ことを慈善事業のモデルと考えていたのかもしれない。ベゾスの慈善事業への寄付によって、ベゾスはまた一歩、カリスマ経営者の階段を上ったのである。

◆あなたの仕事は、いままでしてきた事業を壊すこと？

君の仕事は、いままでしてきた事業をぶち壊すことだ。物理的な本を売る人間全員から職を奪うくらいのつもりで取り組んでほしい。

Your job is to kill your own business. I want you to proceed as if your goal is to put everyone selling physical books out of a job.
──『The Everything Store: Jeff Bezos and the Age of Amazon』（Brad Stone）

アマゾンは2007年に、電子書籍リーダーの「キンドル」を発売している。このキンドルによって、電子書籍の時代が到来したかのように語られているが、実際には電子書籍が普及するまでまだ時間が必要だった。

電子書籍元年といわれているのは、2010年にアップルがタブレット端末であるアイパッド（iPad）を発売したときだ。同時にアップルは、電子書籍を販売するアイブックストア（現アップルブックス）をスタートさせ、電子書籍の本格的な流通を開始させた。

ただし、電子書籍そのものについては、アマゾンのキンドル以前にすでに一部で流通しており、キンドルと同じイーインクという技術を採用した端末も販売されていた。電子書籍のデータを販売するサイトも、アマゾン以前からあった。グーグルが「ブック検索」プロジェクトをスタートさせ、世界中で出版されているすべての書籍をデジタルデータに置き換えようとしたのは、2004年のことである。

つまり、電子書籍はアマゾンが開発したものでも、ましてアマゾンが流通させたものでもないわけだ。

実際、アマゾンでキンドルの開発をスタートさせようとしたとき、いつまでに完成させればいいのかと問う社員に対し、ベゾスは「すでに遅すぎる」と答えている。

キンドルの開発がスタートしたとき、ベゾスは開発プロジェクトの社員に対し、「君の仕事は、いままでしてきた事業をぶち壊すことだ。物理的な本を売る人間全員から職を奪うくらいのつもりで取り組んでほしい」

と語ったという。物理的な本を販売していたアマゾンが、その仕事を奪うくらいのつもりで、電子書籍リーダーの開発に取り組めと厳命したのである。

「大きなことが非効率に行われているとき、そこにチャンスがある」――ベゾスのビジネスを予測する目は、この基準で判断されている。

アマゾンが書籍販売を始めたのは、書店での書籍販売という形態が非効率だったからだ。そして、インターネットで書籍を販売することも、やがて非効率になってきた。ボタンをワンクリックするだけで、顧客の手元に30秒もかからずに届き、すぐに読める電子書籍は、まさにそれまで非効率だったからこそ生まれたビジネスだ。

ベゾスは顧客を第一に考え、顧客にとって何が便利で何が得なのかを考える。非効率な部分を効率化することは、顧客にとって大きなメリットがあるのだ。そしてそのメリットを追求し、顧客にサービスを提供するためには、「従来の事業をぶち壊す」つもりで取り組む必要がある。それがベゾスにとって、サービスの再発明ともいえるものなのである。

◆人々はもはやモノを必要としていない。求めているのは……

人々はもうガジェットを必要としていない。彼らはサービスを求めており、より良いサービスを望んでいる。

People don't want gadgets anymore. They want services. They want services that improve over time. They want services that get better.
——キンドルファイアＨＤ発表会（2012 年）

電子書籍リーダーであるアマゾン・キンドルは、２００７年11月に発売されるや大きな話題となり、その年のクリスマス商戦では驚異的な売り上げを記録した。さらに２００９年には２代目キンドルが発売され、以後毎年のように新しい世代のキンドルが発売。そのたびに販売台数を伸ばしてきた。

キンドルという仕組みは、よく考えられていた。これは単なるデバイス（端末）ではなく、書籍を検索し、購入し、書籍を読むという、いわば読書システムそのものを変革するものだった。しかもアマゾンからは専用端末だけでなく、購入した書籍をパソコンで読むためのアプリや、スマートフォンやタブレット向けのアプリなども無料で配布された。

さらに２０１１年には、キンドルとは別系統のキンドルファイア（Kindle Fire）が発売され、翌12年にはより大型のファイアＨＤを発売している。このファイアＨＤの発表イベントで、ベゾスは次のように語っている。

「人々はもうガジェットを必要としていない。彼らはサービスを求めており、より良いサービスを望んでいる」

顧客が望んでいるのは、端末そのものではなく、より良いサービスなのだ。その観点に立って開発されたファイアＨＤは、単なるデバイスではなく、サービスそのものを目指したものということになる。

ファイアでは、アマゾンで販売されている電子書籍や動画、音楽などを端末だけで購入でき、さらにこれらの端末やアプリで読んでいた本は、パソコンやスマートフォンで開いて続きの個所から読書や視聴が再開できる。電子書籍に特化したのがキンドル端末で、ここに音楽や動画も盛り込んだのがファイアだ。アマゾンの「キンドル」というのは、電子書籍や端末のことではなく、またアプリのことでもなく、本や音楽、動画を購入して読んだり鑑賞したりという一連のシステムそのもの、アマゾンのサービスそのものなのである。キンドルとは、まさにこのサービスを追求したシステムだったのである。

ファイアは、このアマゾンのエコシステム（生態。企業や業界を越えた共存共栄の仕組み）の上で、さらに音楽や映画、テレビ番組、それにアプリを購入できるようにした。アマゾンが考えるサービスとは、デバイスとネットを融合させることで、簡単にコンテンツを購入して楽しめる、そんなサービスの実現だ。それを可能にしたのが、ファイアだったのである。

アマゾンは、もはや小売業者ではない。アマゾンが、いやベゾスが目指しているのは、より良いサービスを提供するまったく新しいサービス企業なのではないだろうか。

◆価格を下げることの真の狙い

どうしたら値段を高くできるのかを考えるお店と、どうしたら値段を下げられるのかと考えるお店の2種類があります。我々がめざすのは後者です。

There are two kinds of retailers: there are those folks who work to figure how to charge more, and there are companies that work to figure how to charge less, and we are going to be the second, full-stop.
——『The Everything Store: Jeff Bezos and the Age of Amazon』(Brad Stone)

アマゾンで売られている商品は、かなり頻繁に値段が下げられる。タイムセールも行われているし、電子書籍などでは日替わりセールや月替わりセールといった安売りも行われている。

なぜアマゾンは、商品の値段を下げてセールを行うのか？　その答えは単純明快だ。それが顧客にとって得だからだ。ベゾスは、商品の値段について次のように考察している。

「小売店は2種類に分けることができます。どうしたら値段を高くできるのかを考えるお店と、どうしたら値段を下げられるのかと考えるお店です。我々がめざすのは後者です」

これは2001年に開かれたアマゾンのアナリスト向け電話会議で、ベゾスが語った言葉である。値段を高くして利益を出そうとする小売店と、どうしたら値段を下げられるかを考える小売店の2種類があるが、アマゾンは値段を下げる方法を考える小売店だ、というのである。

この考えは、会員制倉庫型小売チェーンのコストコを立ち上げたジェームス・シネガルとベゾスが会い、シネガルの話やアドバイスのなかからベゾスが得た教訓のようだ。コストコでは、倉庫に大量の商品をストックし、安い値付けで大量に売りさばく。1点1点の利益はわずかだが、大量仕入れという武器でサプライヤーから安く仕入れるため、結果的には粗利益を高くすることができる。

このアドバイスを聞いてから、アマゾンでは書籍や音楽、ＤＶＤといった商品の価格を20〜30パーセントも引き下げている。ベゾスはアマゾンを、オンラインショップのコストコにしようと考えたのかもしれない。

ベゾスは、販売されている商品が安いことは、顧客の利益になると考えている。顧客から安くならないかという問い合わせがあるからだ。

「お客さんが言ってきたことに対しては、どんなこともその根幹にある理由を突き止めるべく、すべての顧客サービス情報を動員します」

「顧客は、すべて正しい」

——ベゾスはこれらの発言を、あちこちでしている。日本でも昔から、「お客様は神様」という言葉があるが、ベゾスは顧客の要望を聞き、それを満たすよう対策を考えることこそが、サービスであると考え、アマゾンはそれを目指す企業だと自負しているのである。

ただしその裏には、価格を下げれば来客数が増え、売り上げが増し、アマゾンと取引企業以外の第三者（サードパーティ。一般会員やメーカー、中古店など）の売り手も増え、さらに価格を引き下げられる、といった計算が働いているのも確かなようだ。

◆小さな強みを大きな強みに変える

我々に大きな強みはない。だから、いくつもの小さな強みを編み、ロープにしなければならない。

We don't have a single big advantage. So we have to weave a rope of many small advantages.
──『The Everything Store: Jeff Bezos and the Age of Amazon』（Brad Stone）

世界最大のショッピングサイトであるアマゾンは、実はそれほど強大な武器を持つ企業ではない。

確かにその品ぞろえは、他のショップでは遠く及ばないだろう。商品価格も、市場の動向を見ながら、絶妙なタイミングで最安値を付けるようになっている。音楽やビデオ、あるいはビデオ・オンデマンド・サービスであるビデオ配信など、すでに専門でサービスしているサイトも少なくない。音楽なら、アップルのアップルミュージックや定額聴き放題のスポティファイ（Spotify）もある。

あるいはビデオや動画、テレビ番組なら、フールーやネットフリックスといったサービスもある。ＡＷＳはどうか。クラウドサービスではマイクロソフトやグーグル、アップルなど大手ＩＴ企業がしのぎを削っている。

いずれのサービスも、アマゾンが唯一無二の存在ではない。だからこそ、ベゾスは言う。

「我々に大きな強みはない。だから、いくつもの小さな強みを編み、ロープにしなければならない」

アマゾンの最大の強みは、顧客を第一に考え、顧客の求めるサービスを提供することを至上命題として成長することだ。ビジネスの成長にとって、この姿勢を貫くことが、従来から、そしてこれからも最も必要とされるものだ。それはアマゾンが身をもって証明している。

ベゾスは常に、顧客の求めるサービスと、そのサービスを提供するための方法を考える。「ビジネスにおいてよく出る問題は、『なぜそんなことをやるのか？』というものだ。しかし、『なぜやってはいけないの？』という疑問にも、それと同じくらい正当性がある」

アマゾンが提供するサービスや機能、商品には、顧客の歓迎とともに、いつも批判が巻き起こる。トランプ大統領は、アマゾンが多くの小売業者を廃業に追い込んでいると、アマゾンを名指しで非難しているほどだ。

だが、ではアマゾンに匹敵するような便利なサービスを、どこの小売業者が提供しているのか。巨大になったアマゾンは、その巨大さでサービスを提供しているのではない。顧客のために開発・改良されたサービスを提供することで、巨大な企業へと成長したのだ。

たしかにアマゾンのやり方そのものには、非難されるような面がないともいえないだろう。しかし、「なぜやってはいけないのか」という疑問に答えが出ないときは、まずそれをやってみる。それがベゾス流のビジネスの方法なのだ。顧客のほうを向いたサービスを提供することこそ、アマゾンの最大の武器なのである。

Part 4 答えは「シンプル」に考えた先にある

——真の顧客第一主義とは何か

◆他人を蹴落としてまで賢くなるか

祖父が私を見て、静かに言いました。「ジェフ、いつかわかる日が来るだろうが、賢い人になるよりも、優しい人になるほうがずっと難しいんだよ」

My grandfather looked at me, and after a bit of silence, he gently and calmly said, "Jeff, one day you'll understand that it's harder to be kind than clever.
——「We are What We Choose」2010 年

ベゾスは1986年にプリンストン大学を卒業しているが、2010年に同大学の卒業式に招かれ、スピーチを行っている。

スピーチは、ベゾスが子どものころに祖父母と、テキサスの牧場で夏を過ごしたことから始まっている。10歳のときも、やはりテキサスの牧場で夏を過ごした。

その夏、ベゾスは祖父が運転するトレーラーの後部座席で、祖父と並んで座る祖母がタバコを吸っているのを何気なく眺めながら、持ち前の計算力で祖母の1日に吸うタバコの本数を推計し、タバコを吸うごとに2分寿命が縮まるから、「おばあちゃんはタバコを吸うから、9年も寿命が縮まるんだよ」と祖母に話しかけたそうだ。

すると祖父がトレーラーを道端に止め、ベゾスをクルマから降ろして静かに言った。「すごく賢いな」――そう祖父に誉められると思っていたのだが、そうではなかった。

「ジェフ、いつかわかる日が来るだろうが、賢い人になるよりも、優しい人になるほうがずっと難しいんだよ」

ベゾスの言葉ではない。だが、ベゾスが卒業生に贈るスピーチで語った言葉だ。

しかし、この言葉はベゾスの、そしてアマゾンの経営の根底に流れている顧客第一主義にも通じるものではないだろうか。

このスピーチをベゾスは、「他人を蹴落としてまで賢くなるか、それとも優しくなるか?」と質問して締めくくっている。

「利益を出すのは簡単だ。しかし、同時に愚かなことでもある」とベゾスはすでに97年当時から語っていた。

97年当時、アマゾンは赤字企業だった。ネットバブルの真っ最中だったにもかかわらずだ。そのアマゾンの赤字決算を知った多くの投資家の疑問に、ベゾスはそう答えているのである。

利益は、出そうと思えば出せる。しかし、利益だけを追求するなどというのは愚かなことなのだ。アマゾンでは、目先の利益を出すことよりも、長期的な利益を出すことを目指し、顧客へのサービスを維持することを最優先している。その姿勢は、創業以来変わっていない。

この考え方、あるいは経営姿勢ともいえるものは、子どものころに祖父から言われた言葉が、根底にあるのではないだろうか。賢くなるより、優しくなることのほうがずっと難しい。だからこそアマゾンは、顧客を最優先に考え、目先の利益を追求しない。それが結果的には長期的な利益に結びつくことだとわかっているのである。ベゾスの顧客第一主義は、この祖父の言葉から生まれてきたものなのだろう。

◆〝それ〟は顧客にとってシンプルか

食べ放題プランの大ファンです。なぜなら、それは顧客にとってシンプルだからです。

I'm a big fan of all-you-can-eat plans, because they're simpler for customers.
——WIRED「Jeff Bezos Owns the Web in More Ways Than You Think」(2011 年)

アマゾンには、アマゾン・プライムという年会費制のサービスがある。米アマゾンでは2005年に、日本でも2007年にスタートしたサービスだ。

年会費を払って会員になると、有料ビデオ配信のアマゾン・プライムビデオやプライムミュージック、無料のお急ぎ便、当日配送といったサービスが利用できるようになる。アマゾンのプライム会員は、2018年には全世界で1億人を突破したと発表があった。日本の会員数は公表されていないが、200万~300万人と推定されている。

ただでさえ便利なアマゾンだが、それでもわざわざ年会費を支払って会員になるのは、プライムビデオやプライムミュージックなどが利用でき、またプライム会員ならアマゾンドライブという無料のオンラインストレージが使い放題になるプライムフォトといったサービスも利用できるからだろう。

実はベゾスは、このプライム・サービスをスタートするにあたって、コストコ創業者のジェームス・シネガルから、会員制サービスを提供する上でのノウハウの教えを受けた、といわれている。

前述したようにコストコは、会員制の倉庫型卸売・小売チェーンで、現在世界で753の倉庫店を展開する一大チェーン店だ。日本でもすでに20店を超える倉庫店があり、会員制の小売チェーンとして急成長している。

米ワイアード誌が「アマゾンにはすでにいくつかの有料コースがあるのに、なぜ年会費制のプライム・サービスを提供するのか」と質問したところ、ベゾスは次のように語っている。

「顧客がすでに利用しているプランを大切にしています。それはシンプルだからです」

アマゾンには有料サービスがいくつかあるが、プライム・サービスでは年会費を支払うことで、これらのサービスが一括して利用できるようになる。それぞれの有料サービスと、一括で利用できるプライム・サービスの両方を提供するのは、顧客が必要とするサービスを選択できるようにするためだ。

それぞれの顧客が、自分が欲しいサービスだけを選択できたほうが、よりシンプルで顧客の利用法に合っているとベゾスは考えているのだろう。その上で、いくつかのシンプルなプランを組み合わせるよりも、一括で利用できるプライムの年会費のほうが、結果的には安価になる。顧客のほうを向いたサービスを提供しているのだ。

これがアマゾン流のノウハウともいえるのだが、その方針を徹底させることで、全世界で1億人を超える会員を獲得するサービスに成長しているのである。

◆真の顧客第一主義とは

地球上で最もお客様を大切にする企業であること

――アマゾン企業概要「私たちのDNA」

アマゾンのトップページにリンクされているアマゾン・ジョブズ（amazonjobs）のページで、「Ａｍａｚｏｎでの仕事について学ぶ」のリンクをクリックすると、表れたページには大きく次のような文字が並んでいる。

「地球上で最もお客様を大切にする企業であること」

これはベゾスがアマゾンを始めたとき、会社の使命として標榜した言葉だと説明されている。アマゾンが、「地上で最も顧客中心の会社」だと評されるのは、多くはこの言葉からきているのだろう。この大きな文字に続き、

「お客様がオンラインで求めるあらゆるものを検索、発見し、可能な限りの低価格で提供するよう努めて参りました。この目標は今日も継続しています」

と明記されている。アマゾンが「お客様を大切にする企業」であろうとすることは、ベゾスもあちこちのインタビューで答えており、このアマゾンの「顧客第一主義」が同社の経営方針だと広く認識されてもいる。

実際にアマゾンが「顧客第一主義」で、顧客を本当に大切にしているのかは、さまざまな商品やサービスを開発し、あるいはそれらを提供する際に、何を基準に決定しているかを知ればわかる。

アマゾンが基準にしているのは、「わかりやすさ」だ。シンプルと言い換えてもいい。顧客が必要とするものを、簡単に探し出し、注文し、迅速に届ける。しかもなるべく低価格で。

たとえば、日常品で必要となるものを「ほしい物リスト」に登録しておいたり、バーチャルダッシュというボタン型の端末にしてワンプッシュで注文できたり、といった仕組みをつくる。

アマゾンがいち早くスマートスピーカーを発売したのも、パソコンやスマートフォンさえ使わずに商品が注文できるよう、買い物を簡単に行えるようにするためだろう。

実は、グーグルやアップル、マイクロソフト社などからもスマートスピーカーが発売されているが、これはスマートスピーカーをスマートフォンの次に来る「ポストスマホ」と各社が位置づけているからだ。スマートスピーカーには、音声認識技術やＡＩによる学習機能、声紋《せいもん》照合機能など最先端の技術が搭載されている。

アマゾンではこの音声認識技術が、商品注文にも直結しているだけに、精度を高める技術の向上に余念がない。アマゾンの「顧客第一主義」は、そのままアマゾンの利益にも直結しているものなのである。

◆本当に〝1分以内〟で電話に出ているか

私たちは正真正銘、顧客第一主義ですし、正真正銘、長期的志向で、正真正銘、創意工夫を重視しています。

We are genuinely customer-centric, we are genuinely long-term oriented and we genuinely like to invent.
——『The Everything Store: Jeff Bezos and the Age of Amazon』（Brad Stone）

企業が「顧客第一主義」などというと、つい本当かと疑りたくなるが、ベゾスはことあるごとにこの言葉を口にする。ベゾスという経営者を徹底的に描いた『The Everything Store: Jeff Bezos and the Age of Amazon』（邦題は『ジェフ・ベゾス 果てなき野望』）で、著者のブラッド・ストーンのインタビューに答え、ベゾスはいつもの言葉どおり「私たちは正真正銘、顧客第一主義です」と答えている。

同書でも紹介されているが、アマゾンの会議室のテーブルは、「ドア材の机を6台並べたもの」だという。

もともとアマゾンは、改造したガレージから始まった。このときのテーブルは、ホームセンターで購入した木製ドアを、ベゾスが手作りで改造したものだったのだ。これもいまではアマゾンの伝説として語り継がれている話である。

この木製のドアで作ったテーブルは、いまでもアマゾンの会議室にあるというが、それがアマゾンの原点だということよりも、むしろコスト削減の象徴ともなるものだからだ。コストを削減し、商品を低価格に設定する――それがアマゾンの「顧客第一主義」につながることだからこそ、木製ドアのテーブルがいまでも置かれているのである。

アマゾンのカスタマーサービスにも、「顧客第一主義」の姿勢がよくあらわれている。

カスタマーサービスには、顧客からさまざまな電話がかかってくるが、その電話にさっと出て、さっと答えるのが基本だ。ある会議で経営幹部が、電話の待ち時間は1分以内だと語ったところ、本当に1分以内で電話に出るのかと、ベゾス自らカスタマーサービスに電話をしてみたという。

ところが電話の応答までに要した時間は、4分半ほどだった。これにベゾスは激怒したというのである。

実際のところ、ベゾスはカスタマーサービスに電話がかかってくること自体、アマゾンの欠陥だと考えていたふしがある。商品やサービスに問題がなければ、顧客からの電話などかかってこないからだ。電話がかかってくるということは、すなわち顧客第一主義から外れる事態だというのである。

「私たちは正真正銘、顧客第一主義ですし、正真正銘、長期的志向で、正真正銘、創意工夫を重視しています」とベゾスは断言する。

顧客のことを第一に考え、長期的な視野で創意工夫をしていく、それがアマゾンの基本原則なのだ。いまふうに言えば「顧客ファースト」でサービスを提供することが、結局はアマゾンの利益にも結びついていくのである。

◆5〜7年先を見越す

アマゾンでは、5年から7年で作業することが好きです。私たちは種を蒔《ま》き、成長させようとしており、私たちは非常に頑固です。私たちはビジョンについては頑固ですが、細部には柔軟なのです。

At Amazon we like things to work in five to seven years. We're willing to plant seeds, let them grow—and we're very stubborn. We say we're stubborn on vision and flexible on details.
——WIRED「Jeff Bezos Owns the Web in More Ways Than You Think」(2011年)

アマゾンが創業以来、長い間赤字企業だったことは前述した。アマゾンが創業した1995年は、米国ではインターネット・バブルが始まった時期である。

このインターネット・バブルは、99年から2000年にかけてIT関連ベンチャー企業の株価が異常に上昇して最高潮に達するが、2001年にはバブルが弾けている。このバブル崩壊で、IT関連ベンチャー企業の多くが消えている。

だが、このバブル真っ只中で、アマゾンは赤字経営を続けながらも、バブル崩壊を乗り越えているのはなぜか？

「アマゾンでは、5年から7年で作業することが好きです」

ベゾスは前述のワイアードのインタビューにこう答えている。インターネット・バブル崩壊を乗り切ったのも、実はこの経営方針にあるのではないだろうか。

別のインタビューで、ベゾスは次のようにも答えている。

「大企業が、まっさらな状態からイノベーションを起こそうとすれば、5年、7年、10年と待つつもりで進めなければなりません」

そして、10年待てる企業はほとんどないだろう、とも付け加えている。ベゾスは5年、7年といった単語が好きなようだが、新しいサービスを立ち上げ、それを軌道に乗せるためには、それだけ辛抱強く持続させる必要があると考えているのだろう。

実際、アマゾンが２００７年に発売した電子書籍端末であるキンドルは、その開発に３年を費やしたという。しかもキンドルのテレビＣＭを打ったのは、キンドル発売から実に７年後のことである。

ＩＴ業界では、他の業界とは時間の経過する速度が異なると言われてきた。ドッグイヤーといって、他の業界の１年は、ＩＴ業界の５、６年を意味する。それだけ技術の進歩が速いのだ。

しかしアマゾンでは、新しい商品やサービスでも、５年先、７年先といった将来を見据え、じっくりと育て上げようとする。それは目先の利益を追求していないからこそ可能な経営だと言い換えてもいいだろう。

スタートから５年、７年先では、ドッグイヤーのＩＴ業界では技術も陳腐化してしまう。そのとき最新のサービスが提供できるのは、アマゾンの商品・サービス開発に対する取り組みが柔軟であり、問題に直面したときに迅速な対応ができるからでもあるのだろう。「ビジョンについては頑固ですが、細部には柔軟なのです」というベゾスの言葉には、アマゾンの基本的な商品開発に対する姿勢がうかがえるのである。

◆お客様が求めていることを逆算する

「商品のセレクション」「コンペティティヴな価格」「利便性」。この3つがわたしたちのビジネスの根幹です。これは、つまるところ、お客様が求めていることを逆算することから出てきています。

WIRED.jp「ジェフ・ベゾスが語る、ファッション、未来、eBookとテイラー・スウィフト」2012年

アマゾンには実にさまざまな商品がある。もともとアマゾンのもととなったのは、ベゾスが考えた「エブリシング・ストア」構想だから、書籍以外にさまざまな商品を販売しようと考えているのは理解できる。

それらの商品のなかに、音楽やビデオ、あるいは靴やファッションなどもある。とくにファッションに関しては、実はアマゾンでは早い時期から手がけられてきた。2009年に靴のネット販売大手の「ザッポス」(Zappos.com)を買収し、アマゾンで靴の販売をスタートさせたのを皮切りに、さまざまなブランドの商品の取り扱いを行ってきた。

もともとアマゾンがファッションに手を出したのは、実は2007年ごろからファッション商材の検索が増えてきたことに気づいたからだという。

「ファッション商材の検索ランキングが、毎日上がってきています。それを見て、『じゃあやろう』ということになり、ファッションに進出しました。お客様のニーズを充足しなければならないと考えたのです」

とアマゾン・ファッションのバイスプレジデントであるジェームズ・ピーターースが、2018年5月に行われた「アドバタイジングウィーク・アジア」で行われた講演で語っているが、すでに2012年にはベゾス自身が、ワイアード・ジャパンのインタビューで同じことを答えている。

「わたしたちのビジネスの根幹は、つまるところお客様が求めていることを逆算することから出ています」

顧客が何を求めているのか、それを探る手段として、これまでは市場調査やマーケティングといった手法が多用されてきた。ここにアマゾンは、「検索」という要素を取り入れ、まさにリアルタイムで顧客のニーズとその傾向を把握できるようになったのだ。

アマゾンのファッション部門への本気度は、アマゾン・ファッション用の撮影スタジオを世界各地でオープンさせていることからもわかるだろう。さらに米国では、「プライム・ワードローブ」という無料試着のサービスを開始しているし、２０１７年には「ＡＩデザイナー」と呼ばれる、人工知能が服のデザインを行う機能も開発中だという発表もあった。

「人々がオンラインで買いたいと思うモノがすべて見つけられる企業」

この言葉は、アマゾンの社是として掲げられているものだが、まさにアマゾンはこの社是を忠実に実行しようとする企業なのだ。

顧客が求めるものを逆算し、これを販売すること――それがアマゾンの、あるいはベゾス自身が標榜する「顧客第一主義」を実現するための最短の道なのだろう。

◆ライバル社の動向など気にかけない

競合他社が我々にお金をもたらすわけではないのだから、他社の心配などするな。顧客のことを考え、顧客に集中しよう。

But don't be worried about our competitors because they're never going to send us any money anyway. Let's be worried about our customers and stay heads-down focused.
──『The Everything Store: Jeff Bezos and the Age of Amazon』(Brad Stone)

1995年にスタートしたアマゾンは、97年にナスダックに株式を上場していることは前述した。スタート後わずか2年での上場だが、実はこの前後には、従来からの企業、つまり書店などと激しい競争をしている。

当時の米国では、書店といえばチェーン店の「バーンズ&ノーブル」が最大手だった。アマゾンの急成長を見て、バーンズ&ノーブルでもネットで書籍を販売するウェブサイトを立ち上げようと、ベゾスに連絡してきたそうだ。96年当時のバーンズ&ノーブルの売り上げは20億ドル。対してアマゾンの売り上げは1600万ドルでしかなかった。

そんな米国最大の書店チェーンが、アマゾンと同じようにオンラインで書籍を販売するサイトを立ち上げれば、アマゾンなどひとたまりもない、と誰もが考えただろう。アマゾン社内でも、全社集会を開いてバーンズ&ノーブル対策を考えたという。

そんなときベゾスは、心配する社員を前に言い放った。

「毎朝目を覚ますたびに心配で、怖くてしかたないだろう。だが、競合他社が我々にお金をもたらしてくれるわけではないのだから、他社の心配などするな。顧客のことを考え、顧客に集中しよう」

同じ業界には、競合する企業といったものがあるものだ。互いに競争することによって、商品やサービスが改善され、発展していくものだが、そんな競争ばかりに目を奪われていては本末転倒になってしまいがちだ。

アップルの創業者であるスティーブ・ジョブズは、生前、「顧客はより幸せでよりよい人生を夢見ている。製品を売ろうとするのではなく、彼らの人生を豊かにするのだ」と語ったことがある。

ジョブズもベゾスも、競合他社に目を向ける前に、まず顧客に向き合う。顧客のことを考え、顧客が満足するために、あるいは顧客の人生を豊かにするために、自分たちはどのような商品やサービスを、どのように提供していくのか、そのことだけを集中して考えている。

アマゾンの「顧客第一主義」は、徹底している。もちろんビジネスなのだから、すべてがそんな綺麗事だけではないのも事実だろう。だが、少なくともベゾスのなかでは、顧客が第一なのだ。他社との競争に勝つことよりも、顧客を中心にビジネスを展開し、発展させ、商品やサービスを開発・改良していくことこそが、やがて自分たちに利益を還元してくれると信じているのである。

◆誰のために投資を続けるのか

アマゾンは、絶え間なく増え続ける顧客の期待に応えるための投資を続ける。

> Amazon.com Inc. will continue to invest to meet "ever-rising" customer expectations.
> ――ベゾス CEO から株主宛てに記された手紙

2018年4月のアマゾンの年次株主総会で、アマゾンはプライム会員の加入者数が1億人を超えたことを発表している。

フェイスブックのアクティブユーザー数が約22億人、ツイッターが約3億人といった数字に比べれば、1億人という数字はまだまだ少なく感じるが、フェイスブックやツイッターは無料で利用できるサービスだ。アマゾンのプライム会員というのは、日本なら月額400円または年額3900円の有料サービス。米アマゾンなら月額12・99ドルまたは年額119ドル、日本円にして年約1万3000円と、決して安くないサービスである。

この有料のプライム会員数が、世界で1億人を超えたのである。この年次株主総会で、アマゾンは「ベゾスCEOから株主宛てに記された手紙」を発表しているが、この手紙のなかで彼は次のように記述している。

「2017年にアマゾンはプライム会員向けに50億以上のアイテムを出荷したことで、より多くのプライム会員を獲得することに成功しました」

この成功は、とくに同年に発売されたスマートスピーカーの「アマゾン・エコー（Amazon Echo）のヒットによるところが大きかったのだが、逆にトランプ大統領からは、アマゾンは税金を支払っておらず、郵便局から仕事を奪い、小売業界を混乱させているなどといった批判があり、これが新しい脅威ともなっている。

アマゾンが税金を支払っていないというのは、米国内のさまざまな税額控除制度と、ストック・オプション（株式を定められた価格で購入できる権利）による税制優遇措置によるもので、それによって連邦法人税がゼロになるのだそうだ。いわば合法的な節税だといっていい。

しかし、ベゾスは続ける。

「引き続きアマゾンは、絶え間なく増え続ける顧客の期待に応えるための投資を続けていきます」

プライム会員の特典は、実は国によっても異なっている。たとえば日本なら、注文した商品の配送料が無料になり、プライムビデオやプライムミュージックが楽しめ、プライム・リーディングを利用して追加料金なしで電子書籍が読めるといった特典もある。

アマゾンの電子書籍には、月額９８０円で電子書籍が読み放題になる「キンドル・アンリミテッド」というサービスがあり、さらに電子書籍には「プライム・リーディング」といって、プライム会員なら特定の電子書籍が読み放題になるサービスもある。

キンドル・アンリミテッドとプライム・リーディングとでは、読める電子書籍の数に大きな違いがあり、アンリミテッドで和書が12万冊以上、プライム・リーディングでアンリミテッドのタイトルの中から数百冊が読み放題になっている。

一方米国のアマゾンなら、最長2日以内の配送やプライムビデオ、プライムミュージックといった特典もあるが、プライムビデオだけという限定的な有料コースも併設されている。

だが、これらの有料会員に対し、引き続きさまざまなサービスを提供していくとベゾスは明言したのである。

ベゾスが見ているのは、あくまで顧客なのだ。たとえ大統領から批判を受けようと、他社から誹謗中傷されようと、アマゾンが向き合っているのはあくまで顧客なのである。有料会員数が1億人を突破したという事実は、このアマゾンの顧客を中心に据えたサービスの展開という徹底した方針が正しかったことの証左ではないだろうか。

そのためにアマゾンは、利益を惜しげもなく投資し続け、増え続ける顧客の期待に応えようとしているのである。

Part 5

結果を出し続けるための、たった1つの方法

——未来と手を組むための選択と決断

◆才能は当てにしない

気をつければ、才能は私たちを傲慢《ごうまん》にしま
す。そして自分の才能にうぬぼれると、正しい選
択はできないのです。

You can seduce yourself with your gifts if you're not careful, and if you do, it'll probably be to the detriment of your choices.
──「We are What We Choose」2010 年

129ページでも紹介した、プリンストン大学で行われたベゾスのスピーチは、さまざまな示唆に富んでいる。これまであまり語られたことのないベゾスの子ども時代のことや、アマゾンをスタートする直前に悩んだことなど、あまり表には出てこないエピソードが満載だ。

ベゾスは、子どものころから数学や科学に秀で、ガレージで理科実験を行ったり、早くからコンピュータにも興味を持っていた。大学では計算機科学と電気工学を専攻している。しかも子どものころの夢は、発明家になることだったそうだ。

この持って生まれた才能にベゾスが満足していたとすれば、現在のアマゾンはなかっただろう。才能は人を傲慢にする。

才能に満足し、あるいはうぬぼれていると、正しい選択はできない、とベゾスは言う。人生は、決断の連続なのだ。何を選び、何を行うか、それを選択し、決断することが人生だからだ。

その言葉どおり、ベゾスの人生は選択と決断の連続である。プリンストン大学を卒業後、ファイテルに入社し、さらにバンカース・トラスト社、D・E・ショーへと転職。D・E・ショーを退職したのは30歳直前だった。このD・E・ショーを退職後にベゾスはアマゾン（旧・カダブラ）を創設し、いまでは世界トップのオンライン通販企業へと成長させているが、ベゾスに言わせれば、この成功は選択と決断の結果なのだ。

アマゾンのアイデアは、まだD・E・ショーにいたころに得ている。当時インターネットを調べてみると、「人々のインターネット利用率が年率2300パーセントで成長している」と気がつき、自分もやらなければならないと決断したそうだ。

実は年率2300パーセントというのは計算間違いで、実際には2300倍、つまり23万パーセントの増加だったのだ。その数字を目の前にして、ベゾスはD・E・ショーを退職する決断をした。さらに、エブリシング・ストアの手始めとして、オンライン書店を立ち上げることを決断する。

アマゾンを創業しても、ベゾスの選択と決断は続く。書籍販売に続く音楽販売も、あるいは動画配信も、そして電子書籍販売や電子書籍端末の発売、クラウドサービスの提供、無人ストア「アマゾン・ゴー」の開始、航空宇宙企業の設立、始まったばかりのQRコード決済といったものも、すべては「決断」なのだ。企業経営とは、決断の連続なのである。

スピーチの最後に、卒業生に向かってベゾスは尋ねている。「これからの人生でどんな選択をしていくのでしょうか?」。才能にうぬぼれることなく、正しい選択をしてこそ、豊かな人生が開けるのである。

◆人生を後悔しないための選択と決断

本当に難しい選択でしたが、私は最終的に挑戦すると決めました。挑戦した結果、失敗したとしても、そのことを後悔するとは思わなかったからです。それよりもし挑戦しなかったために、一生後悔し続けるほうが辛いと思ったのです。

Seen in that light, it really was a difficult choice, but ultimately, I decided I had to give it a shot. I didn't think I'd regret trying and failing. And I suspected I would always be haunted by a decision to not try at all.

――「We are What We Choose」2010 年

ベゾスがアマゾンを設立したのは、インターネット・バブルがいままさに始まらんとする1994年のことである。この時期にはベゾスだけではなく、多くの挑戦者が出現している。

グーグル（98年設立）やヤフー（95年設立）といった、その後のインターネットを牽引する企業だ。だが、バブルが弾けた2001年には、多くのＩＴ企業が倒産し、株価も崩壊した。ある調査によれば、当時の米国のＩＴ関連失業者数は、56万人にも達したといわれている。

いち早くインターネットの可能性に気がつき、果敢に挑戦したベゾスが率いるアマゾンは、なぜバブル崩壊を持ち堪《こた》えたのか。

ベゾスのインターネットに寄せる期待は、プレートに彫られてアマゾン本社のエレベーター脇に貼られているそうだ。

世の中には、まだ発明されていないものがたくさんある。
今後、新しく起きることもたくさんある。
インターネットがいかに大きな影響をもたらすか、まだ全然わかっておらず、だからすべては始まったばかりなのだ。

――ジェフ・ベゾス

これこそアマゾンの企業文化を表すものといってもいいが、インターネットという鉱山に挑戦した結果、たとえそれが失敗に終わったとしても、その挑戦は自分自身が選んだ結果なのだから後悔などしない、とベゾスは考えたという。

挑戦して敗れるよりも、挑戦しなかったことのほうが、一生後悔し続け、辛い人生を送らなければならない。

アマゾンの歴史は、このベゾスの選択と挑戦の歴史だといってもいい。アマゾンがインターネット・バブルの崩壊を持ち堪えたのも、多少の運と、ベゾスの挑戦する姿勢があったからこそだろう。インターネットに目をつけたベゾスの先見の明は、顧客のニーズをつかみ、新しいサービスを次々と展開させた。その果敢な挑戦こそが、今日のアマゾンにつながっているのである。

現在もなお、次々と新しい商品・サービスを開発し、提供するアマゾンは、その意味で挑戦を続けているのだ。アマゾンの歴史は挑戦の歴史なのである。

◆未来とは絶対に戦うな

未来と戦っても絶対に勝ち目はありません。なぜなら、未来は必ずやってくるからです。

――WIRED.jp「ジェフ・ベゾスが語る、ファッション、未来、eBookとテイラー・スウィフト」2012年

目前《めさき》の利益を追求するのではなく、将来の利益のためにさまざまな工夫をし、長いタイムラインをかけて開発した商品やサービスを熟成させ、ビジネスの軌道に乗せる。それがアマゾン流のビジネス開発の基本だが、実はこの考え方そのものはベゾスの人生においても重なるものだといっていいだろう。

アマゾンの経営は、「顧客第一主義」と「未来志向」が中心に置かれている。この2つがうまく結びつけば、「どんなビジネスでも成功するようにわたしは思います」とベゾスは語っているが、その未来に対するベゾスの考えは、少し特異なものかもしれない。ワイアード・ジャパンのインタビューに答え、ベゾスは次のように語っているからだ。

「未来に前向きに対峙するというのは、下り坂を滑っていくようなもので、実は楽なんですよ」

未来に前向きでいることとは、未来を明るいものと捉え、それに向かって邁進《まいしん》することだ。ベゾスは続けて、「それ（未来）と戦うということは、逆に上り坂を上っていかなくてはならないので、大変なのです」と言う。未来とは、邁進するものであって、戦っても勝ち目がない。そこに横たわる問題を解決して進んでいくものであり、決して抗《あらが》うものではない。だからこそ、ビジネスを成功させるためには、「未来と手を組む」ことが大切なのだ、とベゾスは言う。

一般的に考えれば、「未来」は挑戦することでビジネスが成功に導かれると考えがちだ。しかしベゾスは、多くのことを長期的に考える。アマゾンの新商品や新サービスも、決断したら長いタイムスパンで種を蒔き、育て、成長させてから刈り取る。それがベゾス流のビジネスなのである。むやみに挑戦するのではなく、未来と手を組みながら育てていくことこそが、ビジネス成功の秘訣なのだろう。

まったく同じように、人生もまた挑戦するのではなく、長期的に考え、ビジョンを立てたら、そのビジョンを実現するためのディテールは柔軟に対応する。ベゾスは難しいプロジェクトや、どれだけ時間がかかるかわからないようなプロジェクトも、時間軸を延ばせば取り組むことができる、と考えている。

それはアマゾンが取り組んでいる「1万年時計」という構想からもわかる。これは「ホール・アース・カタログ」の発行人であるスチュワート・ブランドの発案によるもので、1万年動き続ける時計のことだ。このプロジェクトにアマゾンは寄付しているのだが、それがアマゾンの運営にどう関係するのかと問われると、ベゾスは「すべては長期にわたる計画だ」と答えている。ベゾスにとってビジネスも人生も、長期で考えることが重要なのである。

◆〝小さなパーティ〟は開かない

節目となる日は、これからいくらでもある。そういうやり方は好きじゃない。

There are a lot of milestones coming and that's not the way I want to run things.
──『The Everything Store: Jeff Bezos and the Age of Amazon』（Brad Stone）

仕事が成功したり、大きな契約が取れたり、売り上げや利益が目標を上回ったりすると、それを理由に社内や部内などでパーティを開くことがあるだろう。日本流にいえば、打ち上げだ。

アメリカでもそんな習慣がある。とくに欧米はパーティ好きで、ことあるごとにパーティを開いている。友人とコミュニケーションを深めたり、人脈を広げるいい機会にもなるからだ。

アマゾンでもそうだったようだ。創業から数カ月で、アマゾンの1日の売り上げが5000ドルを超えたとき、これを記念してパーティを開こうという提案が出た際に、ベゾスはこう答えている。

「そういうのは好きじゃない。節目となる日は、これからいくらでもある」

当時、売り上げが伸びているということは、それだけ忙しさも増していた時期だったのだろう。

そのころアマゾンでは、データベースコマンドを利用して毎日の販売量と注文量を追跡し、その集計結果を日々社内で発表していたという。そんな社員たちの密かな楽しみも、サーバに負荷がかかりすぎるという理由で止めている。

売り上げや利益目標などを達成すると、すぐにパーティを開くのは、社員の楽しみかもしれない。だが、ベゾスの目標はもっと高いところにあったのだろう。目先の利益や目標を達成したからといって、そんなことでいちいちパーティなど開いても意味がない。目標が高ければ高いほど、そんな節目は何度もやってくる。

ベゾスがよく比較される経営者のひとりに、アップルのスティーブ・ジョブズがいるが、ジェブズもまた、

「何か1つのことが上手くいったら、そこにいつまでもとどまらずに、別の素晴らしいことをやるべきだ。次にするべきことを見つけろ」

と言っていた。

人生もまったく同じだ。

高い目標を持てば節目などいくらでも訪れる。そんな節目を祝うより、何度も節目が訪れるように、目標を高く立てて突き進むことのほうが大事なのだ。

◆自分自身をつくり上げる唯一の財産

80歳になったとき、あなたの胸に最も深く刻まれているのは、あなたが決断してきた数々のことだ。何を選ぶか、その決断こそがあなた自身をつくっていく。

When you are 80 years old, and in a quiet moment of reflection narrating for only yourself the most personal version of your life story, the telling that will be most compact and meaningful will be the series of choices you have made. In the end, we are our choices.

——「We are What We Choose」2010年

プリンストン大学で行われたスピーチは、ベゾスが10歳のときのエピソードで始まっているが、80歳になって過去を振り返ったとき、心に深く刻まれているのは、そのときどきに自分自身が決断してきたことだ、とも言っている。

人生というのは、何を選ぶか、その決断によってつくられるもの。卒業生に向け、ベゾスはそう言葉を贈っているのだ。

アマゾンの創業前に勤めていたヘッジファンドのD・E・ショーで、ベゾスは彼の専門を活かしたITトレーディング・システムの構築を行い、上級副社長にまで抜擢されていた。しかも当時のD・E・ショーは急成長している企業だ。

その順風満帆とも思える地位にいながら、ベゾスはD・E・ショーの創業者であるデビッド・ショーに、会社を辞めてオンライン書店を始めるつもりだと申し出ている。このときショーは、それはいいアイデアだが、結論を出すのはもう48時間じっくり考えてからにするべきだ、と助言したという。

ショーもまた、新しいビジネスのアイデアを思いつき、やむにやまれずモルガン・スタンレーを辞めて起業したという経験から、ベゾスの急ぐ思いも痛いほどよくわかっていたのだろう。

だが、ベゾスの考えは変わらなかった。

「80歳になったとき、1994年というタイミングで会社を辞めて、ボーナスをもらいそこねたなんて思い出すことはありえない。それよりも、もしあのとき辞めなければ心から後悔する可能性があると思ったんだ。だから決断は簡単だった」

ビジネスも、そして人生も、日々の決断によって決まる。高い目標を立て、さまざまな決断を下し、目標を達成しようと努力することが、素晴らしいビジネスにつながり、そして同じように素晴らしい人生を切り拓く唯一の方法なのだ。

80歳になって自分の人生を振り返ったとき、心に残っているのは自分自身が下してきた決断そのものであり、その多くの決断こそが、自分自身をつくるものなのだとベゾスは言う。

このスピーチのなかで、さらにベゾスは、

「失敗しても後悔しないのはわかっていた。しかし、試さなかったら後悔していただろう」

とも語っている。自分自身の道を切り拓けるのは、誰でもない、自分自身が下す「決断」でしかないのである。そしてその決断の積み重ねこそが、自分の人生をつくっているものなのである。

◆マルチタスクで仕事をしない

私は絶え間なくタスクを切り替えるのではなく、順番に集中して、結果的に複数のタスクをこなしていくんだ。

Instead of constantly switching back and forth, Jeff says he sequentially focuses. "I multi-task serially."
——Jeff Bezos' guide to life

自身のことをあまり語らないベゾスだが、２０１７年に行われたＩＴ企業創業者が集まるサミット・シリーズ（Summit Series）では、ベゾスは子どものころのエピソードも交えながら、プライベートなことまで語っている。

この年のサミット・シリーズは、有名な創業者たちと招待客のみが招かれたイベントだったが、実はベゾスの実の弟のマーク・ベゾスがインタビュアーとして登場したため、いつもは堅いベゾスもいつになく饒舌《じょうぜつ》になっている。

このインタビューでは、ベゾスが高校卒業時に卒業生代表としてスピーチしたとき、最後の言葉は「宇宙、それは最後のフロンティア。そこでまた会おう」という言葉だったと暴露している。

ベゾスは２０００年に、「ブルーオリジン」という航空宇宙企業を設立したことは何度か紹介した。これは有人宇宙飛行を目的とする事業を行う企業で、宇宙に飛び立つという高校生のときの夢を実現に近づけるものである。

もちろんブルーオリジンは、もっと現実的な事業で、このインタビューでもベゾスは「地球を救うためには、宇宙に行かなければならない」と持論を熱く語っている。さまざまな問題に直面する人類は、これらの問題を解決するためには宇宙で暮らせるようになる必要があり、そのために有人宇宙飛行の実現が必要なのだとベゾスは考えているのだ。

宇宙事業からネット小売業、クラウドサービス、電子書籍とさまざまな商品やサービスを次々と開発・提供しているアマゾンだけに、ベゾスもマルチタスクで仕事を次々にこなしていると思われるが、実はそうでもないことが、冒頭のベゾスの言葉からわかる。

「絶え間なくタスクを切り替えるのではなく、順番に集中して、結果的に複数のタスクをこなしていくんだ」

ベゾスは幼いころから、マルチタスクに抵抗していたという。マルチタスクというのは、複数の作業を次々と、あるいは同時にこなす方法だ。ところが、ベゾスはタスクを切り替えるのではなく、目の前のタスクに集中し、完成したら次のタスクに移って集中することで、結果的に複数のタスクをこなしていくのだという。

その集中力は、「滅多に電話に出ることがない」というほどで、ベゾス自身が「マルチタスクは好きじゃないんだ。電子メールを読むときには、全身全霊を込めて読みたいしね」とまで言っている。

短い人生のなかで、さまざまなことを成し遂げようとすれば、そのひとつひとつに集中し、結果的に複数のことを成し遂げるベゾスのような道もあるのである。

◆あなたにとっての〝小さな丘〟は何か

まずは始めてみる必要がある。最初の小さな丘に登れば、その頂上から次の丘が見える。

You have to start somewhere, You climb the top of the first tiny hill and from there you see the next hill.
——『The Everything Store: Jeff Bezos and the Age of Amazon』(Brad Stone)

オンラインで書籍を売るために、スタート当初からアマゾンはさまざまな機能を提供してきた。たとえば、「なか見！検索」というサービス。これは米国では「ルック・インサイド」と表示されている機能で、２００３年に「サーチ・インサイド・ザ・ブック」という名称で提供された機能である。

この「なか見検索」は、機能提供と同時にワイアード誌の特集ですばらしいイノベーションだと高く評価された。実は、すでにこのころからベゾスは電子書籍の発売と普及を目指していたようで、書籍をデジタル化すれば、古今東西のすべての本をそろえた図書館という理想の実現に近づけると考えていたそうだ。米アマゾンの電子書籍では、友人などへの貸出機能さえ実現している。

検索エンジンの自社開発にも取り組んでいる。書籍だけでなく、扱う商品が多種多様になってくると、データベースの構築とそれを検索する強力なツールが必要になる。最初はアルタビスタ（AltaVista）という検索エンジンを使った。

アルタビスタは、インターネットが普及しはじめた当初、多くのユーザーに利用されていた検索エンジンだ。まだグーグルが存在しなかったときのことである。アマゾンではこの検索エンジンのライセンスを取得し、商品の検索に利用しようとしたが、使いものにならなかった。そのため、独自の検索エンジンを開発しようと考えたのである。

その後、独自開発していた検索エンジンは、ウェブ検索にも応用され、すでに台頭してきたグーグルと一時は競合するようになったが、結局失敗している。

アマゾンが次々と提供してきた機能やサービスの、いくつかは成功し、いくつかは失敗しているが、ベゾスはそれをあまり気にするふうではない。

「まず始めてみることが重要なのです」

とベゾスは言う。「最初の小さな丘に登れば、その頂上から次の丘が見えるわけです」

アマゾンの商品やサービス、あるいは新しい機能というのは、このベゾスの考えに沿って開発されてきたのだろう。たとえ小さな機能、サービスでも、これを提供すれば、顧客の反応を見て次に提供すべきサービスや機能が見えてくる。

もちろん、その根本にあるのは、顧客にとってより便利で、より素晴らしい機能、サービスを提供していこう、というアマゾンの理念である。

このベゾスのビジネスの進め方は、生き方にも通じるものがある。たとえ小さな丘でも、まず登ってみる。丘に登り、頂上に立てば、次に登るべき丘が見える。この積み重ね、コツコツと丘を登っていくことで、より高い頂上に立つことができるのである。

◆結果を出し続ける、たった1つの方法

結果を出すには「ゆっくり、絶えず」進めるしかありません。しばらくすれば楽になるなどと自分をだますことはしません。小さな一歩を細かく繰り返すほうが、多くを学べ、目的を見失いにくく、最新成果の飛行を早期に見られるようになります。

Slow and steady is the way to achieve results, and we do not kid ourselves into thinking this will get easier as we go along. Smaller, more frequent steps drive a faster rate of learning, help us maintain focus, and give each of us an opportunity to see our latest work fly sooner.

――「One Click: Jeff Bezos and the Rise of Amazon.com」（Richard L. Brandt）

ＩＴ業界のように、技術の進歩や発展が急激に進む業界では、とにかく新しい商品やサービスを、素早く開発して素早く売る、そのスピードが重要だとされている。スピード感のないビジネスは、現代では時代遅れのビジネスなのだ。

マイクロソフト社を創業したビル・ゲイツも、「スピードこそが企業にとって最も重要になる」と語っている。誰が先に始めるか、先にスタートした企業が先行者利益を得られ、その先行者利益が市場の大勢を占めてしまいがちだ。その傾向は、グローバル化が進めば進むほど顕著にもなってくる。

ところが、ベゾスはその逆を説く。

「結果を出すには『ゆっくり、絶えず』進めるしかありません」

ベゾスももちろん、成果を出すためにはスピードも重要な要素だと認めている。いや、ベゾスの仕事のやり方はかなりモーレツで、とことん突き詰めることも求められる。また、その一方でひとつのことに集中し、「ゆっくり、絶えず」進めることも重要だというのだ。

アマゾンでは、5年から7年といった長いタイムラインで商品やサービスを開発し、普及させていくことはすでに紹介した。本当に顧客が求めるものを開発するためには、そのくらいの時間をかけて成果が出るのを待つことが必要だと考えているからだ。「スピードこそ重要」だと考える経営者にとって、そんなに長い時間をかけるのは考えられないことだろう。

冒頭の言葉は、航空宇宙企業の「ブルーオリジン」を設立するときに書かれたメモだ。「多くの人が宇宙へ行けるように、人類が太陽系の探索を継続できるように」するためにブルーオリジンを設立し、「辛抱強く、一歩ずつ、コスト削減に取り組み、改良を積み重ね、投資を継続可能なペースに保つ」ことが重要だとも書かれている。

それが航空宇宙企業だからではない。それがベゾスの生き方なのだ。

「小さな一歩を細かく繰り返すほうが、多くを学べ、目標を見失いにくく、成果を早期に見られるようになる」

このメモには、そんな言葉さえ記述されていた。スピードが重要だとされる現代において、「小さな一歩」を辛抱強く積み重ねることのほうが、成果を早く見られる。早く進むことよりも、確実に進むことのほうが、ベゾスにとっては重要なのだろう。

高校生のとき、ベゾスは宇宙旅行に夢中だったという。その高校生のときの夢を実現するべく、ブルーオリジンを設立した。このときベゾスは36歳。「ゆっくり、絶えず」進むことは、ベゾスにとってはビジネスでも人生においても、成果を早く出すための重要な方法なのである。

◆転機が訪れたときの考え方

人生の最も深い後悔は、コミッションによって生じるのではなく、オミッションから生じるんだと。怖がったり、不安がったりして何もしないことが、きっと後悔を生むんじゃないかと。

——WIRED.jp「ジェフ・ベゾスが語る、ファッション、未来、eBook とテイラー・スウィフト」2012 年ベゾスがアマゾンを創業したとき、彼は両親をはじめ、何人かの友人にも相談しているが、多くの人たちはアマゾンが成功するなどと本気で考えてはいなかったようだ。インターネットの持つ可能性に気づいたベゾスだが、それでも真剣に悩んだようだ。

ちょうどこのころ、ベゾスはカズオ・イシグロの小説『日の名残《なご》り』を読んでいたという。後にノーベル賞を受賞した日系イギリス人小説家の作品だ。英国の年老いた執事の物語である。

「仮にこの新しい事業に失敗したとしても、さほど後悔はしないだろう。けれども、これをやらずにいまのところに勤め続けたらきっと後悔するだろうな」

とベゾスは考えたと語っている。『日の名残り』の影響かどうか、ベゾスは言葉を濁しているが、さらに、

「人生の最も深い後悔は、コミッションによって生じるのではなく、オミッションから生じるんだ。怖がったり、不安がったりして何もしないことが、きっと後悔を生むんじゃないかと」

と続けている。執事である『日の名残り』の主人公は、亡くなった前の主人との思い出を噛み締めながらも、やがて前向きに新しい主人に仕えようと決意を新たにする。同じよ

うにベゾスもまた、アマゾンが成功するかどうかはわからないが、後になって後悔するのは、その目標に積極的に関わった（コミッション）ことではなく、怠惰で関わらなかった（オミッション）ことのほうだと考えたのである。

上級副社長として勤めていたD・E・ショーを辞めてアマゾンを創業することを怖がったり、不安に思って何もしなければ、きっと後悔するのではないか——ベゾスの決断の原点は、ここにあるのだろう。成功するかどうかではない。前向きに、積極的に関わったかどうかだ。

アマゾンは音楽CDの販売を始めたとき、事前に22万曲以上ものサンプルファイルを登録し、万全の準備を行った。あるいは電子書籍とそのリーダーであるキンドルを発売したときは、発売までに9万冊の電子書籍を用意している。紙の書籍が中心だった出版界で電子化を推し進め、これを販売するというのは容易でないことは最初からわかっていただろう。

だが、ここでもベゾスは、怖がったり不安に思ったりもしたかもしれないが、前向きに、積極的に関わっていこうとする。それがビジネスを成功させる秘訣であるという前に、ベゾスの生き方そのものだからだ。

◆人生の成功はシンプルな決断の積み重ねにある

人生に安定を選ぶのか、それとも挑戦し続けるのか？
安全に生きるのか、それとも「バカ？」と思われても冒険をするのか？

Will you choose a life with ease, or a life of service and adventure?
Will you play it safe, or will you be a little bit swashbuckling?
——「We are What We Choose」2010 年

本書で何度となく紹介しているプリンストン大学でのベゾスのスピーチは、いくつもの質問で終わっている。もちろん、卒業生たちへの質問だ。

「安定を選ぶのか、挑戦し続けるのか？」「批判されて落ち込むのか、それとも自分自身を信じるのか？」「困難な状況に陥ったとき、諦めてしまうか、それとも一生懸命頑張るか？」「評論家になるか、それとも行動家になるか？」「他人を蹴落としてまで賢くなるか、それとも優しくなるか？」

プリンストン大学というのは、米アイビー・リーグ8校のうちの1校で、全米で8番目に古い大学でもある。ジョン・F・ケネディとウッドロー・ウィルソンの2人の大統領や、41人ものノーベル賞受賞者が輩出しているほどの名門だ。ベゾスもまた、卒業生の一人である。

その名門大学の卒業生たちの門出に、ベゾスはいくつもの質問を贈っている。人生は選択と決断の連続だと話し、君たちは何を選択するのか、と質問しているのである。

ベゾスが選択してきた時代は、インターネットのバブル前夜から頂点へ、そしてバブルが弾け、世界経済が長く低迷を続けている時代である。そのなかで、ベゾスは安定よりも挑戦を選択した。その理由は、明確だ。前述したように、80歳になったとき、あのときこうすればよかった、といった後悔をしないためだ。

そしてベゾスの選択と決断も、実は明確な基準を持っている。「私たちが注意を払うべきなのは顧客であって、競争相手ではない」という考えだ。これがベゾスが率いるアマゾンの「顧客第一主義」に直結している。

人生には、決断を迫られるさまざまな場面がある。世界トップを走り続けるオンライン通販企業であるアマゾンCEOのベゾスならなおさらだ。しかし、ベゾスのように選択や決断に明確な基準を持てば、難しい決断も実は意外にシンプルなものなのだろう。

アマゾンが特許を持つワンクリック（1－Click）というシステムは、指定した商品に表示されているボタンを1クリックして注文・支払いを行うシステムだが、これは文字どおりボタンを1回クリックするだけで、商品が購入でき、しかも支払いまで完了する。99年に取得したこの特許こそ、シンプルを追求した成果のひとつだろう。

このワンクリックに象徴されるように、人生の決断は、実はいたってシンプルなものなのだ。可能性を見いだし、ビジネスを成功させることも、実はシンプルなことなのだ。これらのシンプルな決断を積み重ねていけば、ビジネスも人生も、やがて成功に導かれるだろうと、ベゾスの言葉が語っているのである。

おわりに

世界最大のオンライン通販企業であるアマゾンを、まだ使ったことがないという人は少ないだろう。本に限らず音楽やビデオといった、ネットと親和性の高い商品ばかりでなく、トイレットペーパーやシャンプーといった日用品、さらにコメやカップ麺、ワインといったものまで、アマゾンで購入したことがあるという人も多いはずだ。

アマゾンのサイトにログインし、自分の注文履歴から過去1年間の支払い額を表示させてみて、愕然となったことがある。すっかりアマゾンに浸かっていたのだ。自宅で原稿を書くことが多い仕事だけに、アマゾンを利用する機会は多いが、これほどまでとは想像もしていなかった。

そんなアマゾンを創業し、わずか20年で世界最大のオンライン通販企業に成長させ、しかも株式時価総額を1兆ドルにまで育てたジェフ・ベゾスとは、どんな人間なのか？　アマゾンを利用しなくても、あるいはＩＴ企業の社員でなくとも、大いに気になっていた。

アマゾンのサイトページ左上にあり、アマゾンから届く商品の入った段ボールにも描かれたロゴマークには、「amazon」の文字のａからｚに矢印が向かっているが、これは「a to z」つまり最初から最後まで、あるいは「すべて」をあらわす英語の慣用句だ。アマゾンではすべての商品を扱っていることを意味し、ベゾスが構想した「エブリシング・ストア」を実現しようという理念を象徴するものなのだろう。

さらに、ａからｚに向かう矢印は、まるでニコニコマークのように笑いを表現している。すべてのお客様に笑顔になってもらいたい、という意思が込められているのだろう。

いま風にいえば、アマゾンは「顧客ファースト」を目指している。そしてこの顧客第一主義を貫くことで、アマゾンは驚異的な急成長を遂げることができた企業である。

そんなアマゾンを率いるベゾスが、さまざまな媒体でのインタビューに答えた言葉などを集め、読み解いてみた。それらの言葉からは、ベゾスの仕事や人生に対する姿勢ばかりでなく、生き方そのものさえうかがい知れる。

そのベゾスの名言ともいえる言葉のひとつひとつが、きっと仕事や人生に悩む読者を導いてくれると信じている。

２０１８年11月　　武井一巳

【参考文献】

『The Everything Store: Jeff Bezos and the Age of Amazon (English Edition)』（Brad Stone）／Little, Brown and Company

『ジェフ・ベゾス 果てなき野望 アマゾンを創った無敵の奇才経営者』（ブラッド・ストーン、井口耕二訳、滑川海彦）／日経ＢＰ社

『One Click: Jeff Bezos and the Rise of Amazon.com』（Richard L. Brandt）

『ワンクリック　ジェフ・ベゾス率いるＡｍａｚｏｎの隆盛』（リチャード・ブラント、井口耕二訳）／日経ＢＰ社

『アマゾン・ドット・コム創始者　ジェフ・ベゾスＣＥＯの名言』（国際情勢研究会）／ゴマブックス株式会社

『CEO OF THE INTERNET ジェフ・ベゾス、かく語りき』（Steven Levy、若林 恵訳）／コンデナスト・ジャパン

『JEFF BEZOS STEVE JOBS & ELON MUSK:（FANTASTIC QUEST ANALYSIS, TESLA, SPACEX Book 1)』（DK HAYHURST）

『ジェフ・ベゾス　アマゾンをつくった仕事術』（桑原晃弥）／講談社

『ジェフ・ベゾスはこうして世界の消費を一変させた　ネットビジネス覇者の言葉』（桑原晃弥）／ＰＨＰ

研究所
『アマゾンが描く２０２０年の世界』（田中道昭）／ＰＨＰ研究所
『Jeff Bezos - Success Principles for Life and Work』（Prominent Individuals）
『amazon　世界最先端、最高の戦略』（成毛眞）／ダイヤモンド社
『心が震える偉人の英語スピーチ２』（国際情勢研究会）／ゴマブックス株式会社
『巨大な夢をかなえる方法 世界を変えた12人の卒業式スピーチ』（ジェフ・ベゾス他）文藝春秋
『Remarks by Jeff Bezos, as delivered to the Class of 2010』（PRINCETON UNIVERSITY）
「Amazon CEO 直撃インタヴュー。ジェフ・ベゾスが語る、ファッション、未来、eBook とテイラー・スウィフト」（WIRED.jp）
「Jeff Bezos Owns the Web in More Ways Than You Think」（WIRED.com）
「How and Why to Build a Strong Brand」（BUSINESS INSIDER, 2013/2/19）
「New Business Model and Venture Financing Chronology」（BUSINESS e-COACH）
「アマゾン企業概要」
「「顧客中心」と言い張る企業の〝嘘〟を教えよう」（日経ビジネス）
「Jeff Bezos' guide to life」（TechCrunch）

その他、アマゾンやジェフ・ベゾスに関するウェブサイトを参考にさせていただきました。

青春新書
INTELLIGENCE

こころ涌き立つ「知」の冒険

いまを生きる

〝青春新書〟は昭和三一年に――若い日に常にあなたの心の友として、その糧となり実になる多様な知恵が、生きる指標として勇気と力になり、すぐに役立つ――をモットーに創刊された。

そして昭和三八年、新しい時代の気運の中で、新書〝プレイブックス〟にその役目のバトンを渡した。「人生を自由自在に活動《プレイ》する」のキャッチコピーのもと――すべてのうっ積を吹きとばし、自由闊達な活動力を培養し、勇気と自信を生み出す最も楽しいシリーズ――となった。

いまや、私たちはバブル経済崩壊後の混沌とした価値観のただ中にいる。その価値観は常に未曾有の変貌を見せ、社会は少子高齢化し、地球規模の環境問題等は解決の兆しを見せない。私たちはあらゆる不安と懐疑に対峙している。

本シリーズ〝青春新書インテリジェンス〟はまさに、この時代の欲求によってプレイブックスから分化・刊行された。それは即ち、「心の中に自らの青春の輝きを失わない旺盛な知力、活力への欲求」に他ならない。応えるべきキャッチコピーは「こころ涌き立つ〝知〟の冒険」である。

予測のつかない時代にあって、一人ひとりの足元を照らし出すシリーズでありたいと願う。青春出版社は本年創業五〇周年を迎えた。これはひとえに長年に亘る多くの読者の熱いご支持の賜物である。社員一同深く感謝し、より一層世の中に希望と勇気の明るい光を放つ書籍を出版すべく、鋭意志すものである。

平成一七年

刊行者　小澤源太郎

著者紹介
武井一巳〈たけい かずみ〉
1955年長野県生まれ。ジャーナリスト、評論家。大学在学中より週刊誌・月刊誌等にルポルタージュを発表。ビジネスや最先端技術分野の評論を行う一方で、パソコンやネットワーク分野、電子書籍などに関する解説にも定評があり、初心者向けのやさしい解説書も多数執筆。ITコンサルタントとしても活躍している。主な著書に『スマートフォン　その使い方では年5万円損してます』『月900円！のiPhone活用術』（いずれも小社刊）のほか、『雲のなかの未来』（NTT出版）、『世界一ラクできるExcel活用術』（standards）などがある。

「アマゾン」をつくった
ジェフ・ベゾス
未来《みらい》と手《て》を組《く》む言葉《ことば》

青春新書
INTELLIGENCE

2018年12月15日　第1刷

著者　武《たけ》井《い》一《かず》巳《み》

発行者　小澤源太郎

責任編集　株式会社プライム涌光
電話　編集部　03(3203)2850

発行所　東京都新宿区若松町12番1号 〒162-0056　株式会社青春出版社
電話　営業部　03(3207)1916　振替番号　00190-7-98602

印刷・中央精版印刷　製本・ナショナル製本

ISBN978-4-413-04558-2

こころ涌き立つ「知」の冒険！

青春新書
INTELLIGENCE